Corinna Plaßmann

Für Dich will ich leben

Tagebuch einer krebskranken Mutter

und die Fortsetzung

Brustkrebs 2.0

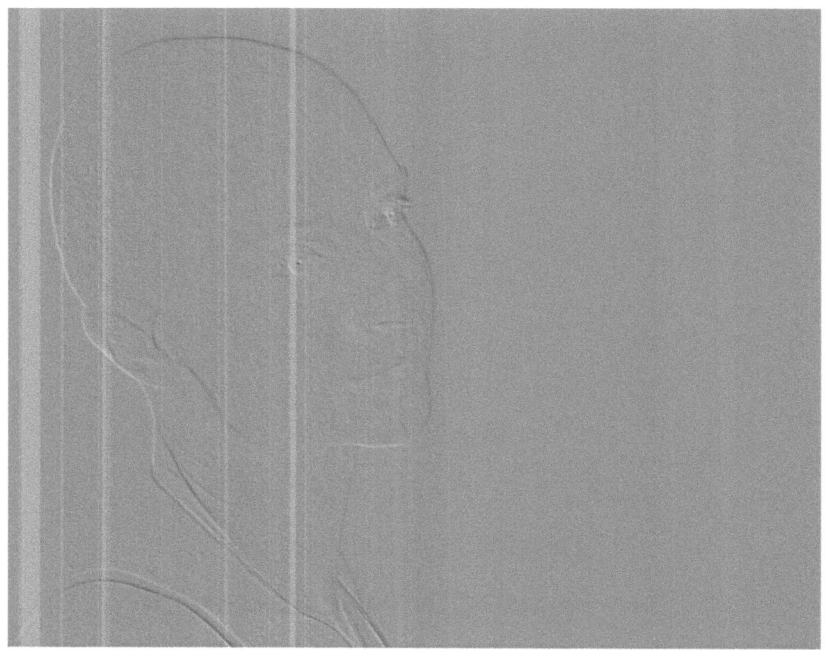

Teil 1

Für Dich will ich leben

Tagebuch einer krebskranken Mutter

Impressum:

© 2023, CORINNA PLAßMANN

Herstellung und Verlag:

BoD – Books on Demand, Norderstedt

ISBN: 9783757811648

FÜR ELIAS

Warum dieses Buch?

Lange habe ich überlegt, ob ich dieses Buch überhaupt schreiben sollte – das Tagebuch einer an Brustkrebs erkrankten Frau. Da war eine Idee und dann die Erkenntnis, dass der Markt überschwemmt ist mit Büchern zu dieser Thematik. Ja, ich bin eben kein Einzelschicksal. Andererseits ist jeder Brustkrebs, jede Frau, die sich mit dieser Erkrankung auseinandersetzen muss, einmalig, und so kam ich zu dem Ergebnis, dass ich meine Erfahrungen mit dieser Erkrankung, meine Gefühle und Gedanken doch aufschreiben möchte. Immer wieder bekam ich von meinen Freunden und meiner Familie die Rückmeldung, dass ich so viel Kraft zeige, dass sie nicht wüssten, ob sie in meinem Fall genauso positiv mit der Erkrankung umgehen könnten wie ich- so ist eben jeder Mensch anders, jeder Brustkrebs anders, kein Krankheits-verlauf mit einem anderen zu vergleichen. Oft hörte ich den Satz: „Du bist so mutig." Und ich entgegnete nur: „Nein, ich denke, ich bin nicht mutig, sondern ich verhalte mich nur zielorientiert." Und mein Ziel ist nur eines: ICH WILL GESUND WERDEN UND LEBEN.

Ich schreibe das Buch in erster Linie für Dich, meinen geliebten Sohn. Du bist noch so klein und kannst vieles nicht verstehen, doch ich weiß, dass eine Zeit kommen wird, in der Du viele Fragen haben wirst - „Mama, wie war das damals, als Du krank warst?", „Warum hast Du keine Brüste, wie andere Frauen?", „Warum hast Du auf dem Foto keine Haare mehr?" Ich hoffe und bete, dass ich die Person sein werde, die Dir dann auf all Deine Fragen eine Antwort geben kann. Um selbst nicht zu vergessen und Dir eine Grundlage zu schaffen, mit der Du Deine Fragen beantwortet bekommen kannst, schreibe ich dieses Buch.

Darüber hinaus würde es mich selbstverständlich freuen, wenn auch andere betroffene Frauen aus meinem Buch die Kraft schöpfen, mit ihrem Schicksal besser umgehen zu können. Um ihnen eine kleine Hilfestellung zu geben, informiere ich in diesem Buch an einigen Stellen auch über fachliche Hintergründe zur Diagnostik, Operation und Therapie des Brustkrebses und beschreibe, wie ich meinem Sohn die Erkrankung näher gebracht habe.

Rückblick März 2007

Endlich waren wir in unserem wohlverdienten Urlaub auf der Insel Lanzarote angekommen. Der erste Flug mit unserem kleinen vierjährigen Sohn war gut überstanden. Der Urlaub verlief bisher für uns drei sehr erholsam. Wir hatten ein schönes Appartement, super Wetter und machten jeden Tag interessante Ausflüge mit dem Leihwagen über die Insel. Ein Urlaub, in dem man die Seele baumeln lassen konnte. Wie hatten wir uns auf diesen Urlaub gefreut. Der Winter lag fast hinter uns, zu Ostern würden wir wieder zu Hause sein.

Das letzte Jahr war sehr anstrengend gewesen – mein Mann arbeitete ausgesprochen viel in seiner Firma mit dreißig Beschäftigten, ich hatte nach meinem Referendariat meine erste feste Stelle an einer Berufsschule angetreten und war nun seit einem dreiviertel Jahr eine „fertig ausgebildete Berufsschullehrerin". Im letzten Sommer hatten wir auf einen Urlaub verzichtet, da wir ein kleines Reihenhaus gekauft und renoviert hatten. Eine sehr stressige Zeit lag hinter uns.

Nun lag ich also auf einer Matratze in einem Appartement auf der Insel Lanzarote. Die Gardinen bewegten sich leicht im Wind, die Morgendämmerung brach herein.

Plötzlich drängte sich ein Gedanke in mein Bewusstsein – *ist der Knoten oberhalb meiner rechten Brust eigentlich noch zu spüren?* Ich tastete mit der linken Hand nach der Stelle, an der ich schon seit einigen Wochen einen Knoten gespürt hatte. Da war er, der Knoten – *er ist nicht größer geworden,* versuchte ich mich zu beruhigen, *und außerdem sitzt er soweit oberhalb der Brust – das kann nichts Schlimmes sein – er lässt sich verschieben – und vielleicht ist er ja auch schon wieder etwas kleiner geworden.* Ich drehte mich auf die Seite und fiel in einen unruhigen Schlaf.

13.05.08

Heute ist der Dienstag nach dem langen Pfingstwochenende. Ich greife nach dem Telefon und wähle die Telefonnummer eines Frauenarztes. Ich weiß nicht, was dazu geführt hat, dass ich auf einmal ganz unruhig geworden bin, aber plötzlich drängt sich der Knoten in meiner Brust so drastisch in mein Bewusstsein, dass ich abklären lassen möchte, ob alles in Ordnung ist.

Ich schildere der Arzthelferin am Telefon, dass ich den Knoten schon länger habe und sie überzeugt mich, dass ich umgehend kommen solle. Ich empfinde dies zunächst als etwas übertrieben, setzte mich dann aber sofort auf mein Fahrrad und fahre zu der Praxis.

Bereits im Wartezimmer wird mir ganz mulmig zumute – *Was ist, wenn ich gleich nicht die Mitteilung bekomme, dass alles o. k. ist? Was soll aus meinem kleinen Sohn werden, wenn ich nun Brustkrebs habe?* Ich habe Mühe, meine Fassung zu bewahren. Immer wieder steigen mir Tränen in die Augen. *Es wird schon gut ausgehen,* versuche ich mir selbst Mut zu machen.

Der Frauenarzt macht einen Ultraschall von meinen Brüsten. Er sieht zwei auffällige Stellen in der rechten Brust und entlässt mich mit den Worten: „Sie brauchen sich keine Sorgen zu machen, da ist ganz sicher nichts Bösartiges. Routinemäßig werden Sie aber noch zu einer Mammographie gehen müssen." Erleichtert verlasse ich das Untersuchungszimmer. Etwas unsicher macht mich dann wiederum die Tatsache, dass der Arzt direkt von seiner Arzthelferin im Krankenhaus anrufen lässt, damit diese einen Termin für mich zur Mammographie vereinbart. *Das machen sie sicher nicht immer so,* denke ich, dränge aber sofort wieder alle schlechten Gedanken beiseite.

15.05.08

Bereits zwei Tage später finde ich mich im Krankenhaus zur Mammographie ein.

Die Oberärztin, die sich die Bilder anschaut, macht parallel dazu einen Ultraschall. Sie begutachtet die beiden auffälligen Stellen in der rechten Brust und findet eine weitere Auffälligkeit in der linken Brust. Sehr skeptisch blickt sie immer wieder auf die Röntgenbilder und misst die Knoten mit einem Lineal aus – die Atmosphäre ist alles andere als entspannt. Die Ärztin wirkt sehr ernst und empfiehlt mir, eine Gewebeentnahme aus den beiden Knoten der rechten Brust machen zu lassen. Sie sagt, dass sie aufgrund der Befundlage nicht mit Sicherheit sagen könne, dass die Knoten nicht doch bösartig seien. Ich bin wie vom Donner gerührt, versuche mich aber wieder zu beruhigen, denn bisher ist keine Diagnose gesichert. Bereits am nächsten Tag soll ich zur Stanzbiopsie (örtliche Gewebeentnahme) wiederkommen.

16.05.08

Während der Gewebeentnahme im Krankenhaus verhält sich die Ärztin professionell reserviert und ernst. Immer wieder versuche ich aus ihrem Verhalten für mich eine Entwarnung oder Beruhigung abzufangen, doch es funktioniert einfach nicht. Nach der örtlichen Betäubung wird der lange Stanzzylinder pro Knoten sechsmal in das Brustgewebe eingestochen und ein Schuss abgegeben, der mich erschüttern lässt. Ich drehe meinen Kopf zur Wand damit die Ärztin nicht bemerkt, dass mir Tränen über das Gesicht laufen – *Was wird passieren, wenn das Ergebnis negativ ausfällt?*

Die Ärztin sagt mir, dass es bis zu fünf Tagen dauern kann, bis das Ergebnis vorliegt, weil das Wochenende dazwischen liege. Sie werde mich anrufen, wenn sie genaueres wisse.

21.05.08

Ich halte die Anspannung nicht mehr aus und rufe im Krankenhaus an. Ist das Ergebnis denn wirklich noch nicht da? Kann man die Auswertung nicht irgendwie beschleunigen? Keine Chance – die Krankenschwester sagt, dass sich die Oberärztin immer umgehend bei den Patienten meldet, wenn die Auswertung vorliegt.

Die letzten Tage und Nächte waren die Hölle. Immer wieder plagt mich die Angst, was wäre, wenn ich tatsächlich an Brustkrebs erkrankt bin. Ich kann kaum schlafen, immer wieder steigen mir Tränen in die Augen oder ich werde von Weinkrämpfen geschüttelt.
Wenn ich abends zum Einschlafen neben meinem kleinen Sohn liege, werden der Schmerz und die Angst fast unerträglich. *Was soll aus ihm werden, wenn ich krank wäre oder sogar stürbe? Soll ich nun vielleicht nicht mehr miterleben, wie er heranwächst, in die Schule kommt, erwachsen wird? Er ist noch so klein und braucht seine Mama.*

22.05.08

Ich bin in der 6. Unterrichtsstunde in der Berufsschule angekommen und habe mich irgendwie zusammengerissen. Ablenkung ist in solchen Situationen die beste Therapie. Ich lasse eine Klassenarbeit schreiben, als mich eine SMS meines Mannes auf dem Handy erreicht. Heute um 16:00 Uhr ist der Termin zur Besprechung im Krankenhaus. Ich merke, wie die Nervosität in mir steigt. Heute wird es Klarheit geben.
Im Anschluss an die sechste Stunde habe ich ein Dienstgespräch mit der Schulleitung und meiner Abteilungsleitung. Ich bin nun seit 10 Monaten an der Schule tätig. In diesem Gespräch soll es um ein Feedback über die Zufriedenheit oder Unzufriedenheit der beteiligten Personen und die weitere Planung meines Einsatzes gehen. Meine Vorgesetzten loben

meinen Einsatz und meine Professionalität und erklären beide, wie glücklich sie sind, dass ich an der Schule arbeite. Sie bringen mir ein großes Vertrauen entgegen indem sie mich bitten im nächsten Schuljahr die Bildungsgangleitung eines neu einzurichtenden Bildungsganges zu übernehmen. Nach Abschluss des einstündigen Gespräches wechsle ich den Raum zu einer Bildungsgangkonferenz, die ich punkt 15:00 Uhr mit dem Kommentar „Ich habe noch einen Arzttermin." verlasse.

Je näher der 16:00 Uhr-Termin rückt, desto panischer werde ich. Mein Mann hat mich noch angerufen und mir mitgeteilt, dass er versucht hat, der Krankenschwester eine beruhigende Aussage zu entlocken, was leider fehlgeschlagen ist. Ich rufe meine Eltern aus dem Auto an und bitte sie mit tränenerstickter Stimme, Elias zu übernehmen, damit mich mein Mann zu dem Termin begleiten kann – ich habe das Gefühl, den Gesprächstermin nicht alleine durchstehen zu können. Meinen Eltern sage ich nur, dass es einen wichtigen kurzfristigen Termin gibt, zu dem ich gemeinsam mit Stephan gehen muss. Ich teile ihnen mit, dass ich eine Untersuchung hatte, deren Ergebnis ich heute bekomme, aber dass möglicherweise ja auch alles in Ordnung sei. Sie wussten bisher nichts von meinen Sorgen, weil ich sie nicht unnötig belasten wollte.

Wie zwei Häufchen Unglück betreten wir gemeinsam das Krankenhaus. Die Art und Weise, wie die Ärztin uns empfängt und begrüßt, lässt kaum noch Zweifel offen. Es wird nicht alles o.k. sein. „Sie haben Brustkrebs. Beide Knoten sind bösartig." Ohne Pause redet sie auf mich ein „Das trifft sie jetzt ganz hart, sie fallen jetzt sicher erst einmal in ein tiefes Loch…" Ich nehme ihre Worte nur am Rande wahr und entgegne: „Ich falle nirgendwo hinein, ich glaube, ich bin im

falschen Film, das alles hier gehört nicht in mein Leben." Mit weiterer floskel-haften Sprüchen und guten Wünschen verlassen wir mit den kopierten Befunden das Krankenhaus. Eine große Leere breitet sich in uns aus. *Wie soll es nun weitergehen? Wie weit ist der Krebs fortgeschritten? Muss ich bald sterben?*
Es fällt uns schwer, die Tatsache, dass ich krank, vielleicht sogar todkrank bin, zu realisieren– ich habe doch noch nicht einmal Schmerzen oder andere Krankheitssymptome und sehe überhaupt nicht krank aus.

Stephan holt Elias bei meinen Eltern ab, ich fahre kurz danach alleine mit dem Fahrrad dorthin. Besorgt nehmen sie mich in Empfang. Weinend konfrontiere ich sie mit der Wahrheit. Beide sind sehr geschockt. Meine Mutter verfällt sofort in Aktionismus und ruft ihren Nachbarn an, der in einem Brust-zentrum in der Onkologie arbeitet. Netterweise kommt er um-gehend ins Haus meiner Eltern und organisiert einen Termin für mich am darauf folgenden Tag in der Klinik.

Mein Mann informiert meine Abteilungsleitung über meinen Krankheitsausfall. Morgen werden schriftliche Prüfungen stattfinden, bei denen ich hätte anwesend sein sollen. Die Abteilungsleitung fragt vorsichtig, ob ich eventuell morgens für eine viertel Stunde telefonisch zu erreichen wäre. Mein Mann entgegnet: „Wenn meine Frau sagt, dass sie krank ist, dann ist sie krank." Daraufhin fragt die Abteilungsleitung: „ Ist es ernst?" und mein Mann antwortet nur mit „Ja." Damit ist das Gespräch beendet.

Die Nacht wird lang und schlaflos.

Oft stellen sich gerade jüngere Menschen, die schwer erkranken, die Frage: Warum trifft es mich? Komischerweise lag für mich die Antwort auf diese Frage, warum es gerade mich getroffen hatte, auf der Hand. Ich hatte vermutlich eine genetische Veranlagung von der Seite meines Vaters geerbt, an Krebs zu erkranken. Meine Oma war mit 52 Jahren an Brustkrebs verstorben. Darüber hinaus war mein Leben in den letzten fünf Jahren extrem stressig gewesen. Ich hatte mein Studium unterhalb der Regelstudienzeit erfolgreich beendet und dann etwa ein Jahr als Lehrerin an einer Krankenpflegeschule gearbeitet bis unser Sohn geboren wurde. Elias war bereits mit 11 Wochen und dann in Folge etwa alle drei Wochen krank und bekam mit 10 Monaten sein erstes Inhaliergerät verordnet. Er schlief, bis er etwa 20 Monate alt war, nie durch und war alles andere als ein pflegeleichtes Kind. Ich begann mit meinem Referendariat im Lehramt an einer berufsbildenden Schule, als Elias gerade 14 Monate alt war. Mein Mann nahm Elternzeit, merkte aber sehr schnell, dass es gar nicht so lustig ist, sich „nur" um ein Kleinkind und den Haushalt zu kümmern und wurde zunehmend frustrierter. Er machte sich noch während meines Referendariats selbstständig, ermöglichte mir aber dennoch meinen sehr guten Abschluss des zweiten Staatsexamens nach zwei Jahren. Wann immer Elias krank war, kümmerte ich mich nachts überwiegend selbst um ihn, da ich ansonsten keine Ruhe gefunden hätte. Manchmal ging ich nach nur drei Stunden Schlaf wieder in die Schule. Die Wochenenden und Abende brauchte ich fast immer zur Vorbereitung der Unterrichtsstunden, der Lehrproben und Referate für das Seminar. Zeit für mich gab es so gut wie keine mehr.

In dem halben Jahr vor Antritt meiner festen Anstellung an einer anderen berufsbildenden Schule unterrichtete ich noch sechs Stunden an einer Schule in Detmold und wir kauften ein Reihenendhaus, welches wir komplett renovierten und zum Teil umbauten. Dann kam der Umzug und ruck zuck trat ich meine neue Anstellung an. Somit war das halbe Jahr, in welchem ich mich hatte erholen wollen, auch schon wieder um. Plötzlich hatte ich jede Woche 15 Stunden Unterricht neu auszuarbeiten, Konferenzen, praktische Besuche der Schüler in ihren Ausbildungsstätten etc., ganz zu schweigen von der Anstrengung, die es macht, wenn man sich an einem neuen Arbeitsplatz einarbeitet und einen besonders guten Eindruck machen möchte.

Schon vor der Diagnosestellung merkte ich, wie ich immer weiter abbaute und dass ich geradewegs auf ein Burnout-Syndrom zusteuerte. Wann immer ich eine Stunde Zeit für mich übrig hatte, musste ich schlafen. Kraft für Sport hatte ich schon lange nicht mehr und häufig löste eine Erkältung die nächste ab. Elias war auch jetzt noch oft nachts wach und so kam es, dass mich eine tiefe Erschöpfung heimsuchte. Auch an der Beziehung meines Mannes und mir ging der Stress nicht spurlos vorbei.
Wiederholt äußerte ich meinem Mann gegenüber, dass mich unser Leben so krank mache, aber wir wussten einfach nicht, wie wir es hätten ändern sollen. Ich war auf Probe verbeamtet und musste die 15 Stunden unterrichten, um verbeamtet zu bleiben. Meine Verbeamtung auf Lebenszeit war unser großes Ziel, damit wir ein sicheres zweites Standbein neben der Firma meines Mannes hätten. Also hieß es für mich: „Zähne zusammenbeißen und weitermachen!"

Als ich nun mit der Diagnose Brustkrebs konfrontiert wurde, hatte ich das Gefühl, dass jemand in unsere sich immer schneller drehende Lebensspirale, die uns nach unten zog, einen Stein geworfen hatte. Die Spirale hatte plötzlich aufgehört, sich zu drehen. Etwas forderte mich auf, innezuhalten und nachzudenken – *Ist es gut, ein Leben so zu führen? Was bedeutet Dein Körper für Dich, wenn Du nicht auf*

13

ihn hörst und seinen Bedürfnissen nicht nachgibst? Wie wichtig ist Dir Dein Leben?
Wenn dies der Sinn und Zweck meiner Erkrankung ist, dass ich eine Chance bekomme, mein Leben zu überdenken und neu zu strukturieren und zu organisieren, dann will ich diese Chance gerne nutzen und als Herausforderung begreifen.

23.05.08
Auf dem Weg in das Klinikum habe ich das Gefühl, zu meiner eigenen Hinrichtung zu gehen. Ich bin sehr ängstlich und angespannt.

Der Chefarzt der Frauenklinik behandelt meinen Mann und mich sehr freundlich und nimmt sich viel Zeit. Ich berichte ihm unter Tränen, was sich bisher ergeben hat und er macht erneut einen Ultraschall beider Brüste. Er bestätigt die beiden Knoten in der rechten Brust und entdeckt einen weiteren fraglichen Knoten auf der rechten Seite. In der linken Brust findet er keine Auffälligkeiten. *Vielleicht habe ich Glück im Unglück und es ist doch nur die eine Seite betroffen.* Er möchte am Montag eine Kernspinuntersuchung machen lassen, um die genaue Ausbreitung des Karzinoms in den Brüsten zu sichern. Ich soll am Montag stationär aufgenommen werden. Weitere Routineuntersuchungen werden folgen: ein Ultraschall der Leber und der Gebärmutter und Eierstöcke, eine Röntgenaufnahme des Brustkorbs, eine Knochenszintigraphie. Alle Untersuchungen dienen nur einem Zweck – der Suche nach Tochtergeschwülsten (Metastasen).

Besonders die schnelle Durchführung des Knochenszintigramms ist mir sehr wichtig, da wir bisher nicht wissen, wie weit sich der Tumor im Körper ausgebreitet hat. Brustkrebs metastasiert bevorzugt in die Knochen und wenn er sich dort erst ausgebreitet hat, ist die Überlebenschance deutlich verringert.

Da ich mehrere Jahre als examinierte Krankenschwester in einem Krankenhaus gearbeitet habe, fällt es mir nicht schwer, dem medizinischen Fachjargon des Chefarztes und seinen Plänen zu folgen. Er macht mir wenig Hoffnung, dass ich um eine Chemotherapie herumkomme. Mir ist jede Maßnahme recht – *Hauptsache ich werde wieder geheilt!* Dennoch macht mir die Chemotherapie mehr Angst als die bevorstehende Operation.

Der Chefarzt erklärt uns, dass die Histologie (feingewebliche Untersuchung) des Tumors nicht besonders positiv für mich ausgefallen sei. Der Tumor habe keine Rezeptoren für Hormone, sodass eine von drei Therapiesäulen wegfalle. Bei hormonabhängigen Tumoren nähmen die Frauen oft über Jahre hinweg Hormone, die ein Rezidiv (Rückfall) verhindern sollten, dies werde bei mir nicht möglich sein. Darüber hinaus habe der Tumor eine sehr hohe Teilungsrate von 70%, was seine Aggressivität ausdrücke. Eine erbliche Disposition (Veranlagung) sei zu überprüfen.
Ich höre aus den Worten des Arztes nichts Positives heraus; auf Nachfragen hin antwortet er sinngemäß: „Die Konstellation ist ungünstig."

26.05.08
Am Wochenende haben wir versucht, Elias eine Freude zu machen, und sind mit ihm in den Zoo nach Hannover gefahren. Es war ein schöner Tag, doch meinem Mann und mir fiel es schwer, diesen unbeschwert zu genießen. Eine dunkle Wolke liegt auf unserem Gemüt.

Heute finden wir uns nun zu der geplanten Kernspinuntersuchung im Klinikum ein. Eine Tasche mit meinen Sachen, die
ich im Krankenhaus brauchen werde, habe ich gleich mal zu
Hause gelassen. Sollte ich tatsächlich in den nächsten beiden
Tagen operiert werden, würde ich nach den Untersuchungen
noch einmal nach Hause fahren, meine Sachen packen und
mich von Elias verabschieden.

Bei der Kernspinuntersuchung muss ich für ca. 45 Minuten
ruhig auf dem Bauch in einer Röhre liegen. Vorab bekomme
ich ein Kontrastmittel gespritzt, welches sich dann in den
betroffenen Stellen der Brüste konzentriert ablagert. In der
Röhre ist sehr wenig Platz und ein lautes, hämmerndes
Geräusch macht es mir schwer, mich zu entspannen. Ich sage
mir immer wieder: „Ruhig liegen, ruhig liegen, ansonsten
werden die Aufnahmen nichts." Dann stelle ich mir ein kleines
Orchester mit vielen Trommlern vor, die ein Konzert geben,
damit ich den Lärm besser ertragen kann. Insgesamt überstehe
ich die Untersuchung gut.

Nach ca. 1,5 Stunden bekommen wir das Ergebnis der Untersuchung vom Chefarzt mitgeteilt. Die drei Stellen der rechten
Brust wurden durch das bildgebende Verfahren bestätigt, in der
linken Brust hat man ebenfalls drei verdächtige Stellen gefunden. Wir haben wieder das Gefühl, das Loch, in welches wir
fallen, wird tiefer und tiefer – es scheint keinen Boden zu
geben auf dem wir aufprallen können. Mit jedem Mal, mit dem
eine weitere Untersuchung abgeschlossen wird, bekommen wir
für mich prognostisch ungünstigere Mitteilungen.

Ich beginne einen Spielstand zu eröffnen. Derzeit steht es 3:1
für den Tumor - drei Punkte für den Tumor, da er 1. sehr
aggressiv, 2. multizentrisch (an mehreren Stellen gleichzeitig)
und 3. voraussichtlich in beiden Brüsten „Fuß gefasst" hat.

Ich bekomme einen Punkt, da die Röntgenuntersuchung der Lunge, und die Ultraschalluntersuchungen der Leber und der Eierstöcke keine Metastasen gezeigt haben.

Der Chefarzt rät uns dazu, eine Stanzbiopsie der linken Brust mit Hilfe einer Kernspinresonanztomographie in Göttingen durchführen zu lassen, um die auffälligen Stellen der linken Brust zu sichern. Noch steht nicht fest, ob es tatsächlich auch ein Karzinom ist und er möchte die Ausdehnung sichern. Da er die Stellen mit dem Ultraschallgerät nicht sehen kann, soll ich zu dieser Spezialuntersuchung nach Göttingen fahren.
Der nächste Termin für diese Untersuchung wäre der 09.06. - das sind 14 Tage, in denen ich mit der Ungewissheit weiterleben soll, ob nun auch noch die linke Brust befallen ist – bis zum Vorliegen des Ergebnisses würden weitere Tage vergehen - es fällt mir schwer, mich mit dieser Wartezeit zu arrangieren.

Ich bespreche mit dem Chefarzt, dass ich nun vorerst wieder nach Hause gehe und flehe ihn fast an, doch bitte einen Termin für das Knochenszintigramm für mich auszuhandeln.

Am Mittwoch dieser Woche soll die Untersuchung stattfinden - wieder zwei Tage und zwei Nächte voller Angst stehen uns bevor.

28.05.08
Als wir heute das Klinikum betreten, damit das Knochenszintigramm gemacht werden kann, spüre ich das Damoklesschwert über mir. Meine seelische Verfassung erlaubt es mir nicht mehr, Stärke zu zeigen. Bereits bei dem Aufklärungsgespräch mit der Oberärztin breche ich in Tränen aus. *Was passiert, wenn ich schon Metastasen im Körper habe?*

Ich bekomme ein Kontrastmittel gespritzt und soll mich dann in drei Stunden zur Untersuchung wieder einfinden. In dieser Zeit bekomme ich die Aufgabe, drei Liter Wasser zu trinken, damit sich das Kontrastmittel gleichmäßig im Knochen verteilen kann.

Mein Mann und ich fahren in die Stadtmitte und setzen uns in ein Café. Ich empfinde es fast als Perversion, dass wir in unserem Alltag bisher keine Möglichkeit gefunden haben, einmal entspannt in der Woche morgens zu zweit in einem Café zu sitzen. *Nun brauchte es also so einen Anlass, damit wir etwas Derartiges erleben dürfen?* Von Entspannung kann natürlich keine Rede sein.

Nach drei Stunden finden wir uns wieder im Klinikum ein. Die Untersuchung findet ebenfalls in einer Röhre statt, wobei diese nicht so lang und geschlossen ist, wie bei der Kernspintomographie. Ich liege ca. 30 Minuten auf dem Rücken und überstehe die Zeit ganz gut.

Dann sitzen wir vor dem Arztzimmer des Chefarztes der Radiologie und warten auf die „Urteilsverkündung". Es dauert und dauert. Mir ist einfach nur noch schlecht. Ich kann die Anspannung kaum noch kompensieren. Die Oberärztin, die mich am Morgen über die Untersuchung aufgeklärt hatte und die die Bilder bereits gesehen hat, geht an uns vorbei. Sie sieht mir meine Verzweiflung an und sagt: „Sie müssen sich keine Sorgen machen – ich habe auf den Bildern nichts Auffälliges gesehen." Danke dafür, dass sie mich im Flur sitzend wahrgenommen hat.

Tränen laufen über mein Gesicht – nicht aus Trauer, sondern aus Freude. Spielstand: 3:2 – ich habe um einen ganz großen Punkt aufgeholt.

Bis zur Besprechung mit dem Chefarzt der Radiologie müssen wir noch Geduld und Zeit aufbringen. Ich glaube, ohne Vorabinformation wäre ich in diesem Zeitraum schon Amok gelaufen.

Der Chefarzt wirkt kameradschaftlich und hat ein offenes, schwäbisches Temperament. Er bestätigt die Aussage seiner Oberärztin und zeigt uns noch die Bilder der Kernspintomographie vom Montag. Wir diskutieren meine Befunde und das Risiko, welches besteht, wenn die andere Brust auch noch befallen ist. Ich sage ihm, dass ich mir am liebsten gleich beide Brüste entfernen lassen würde, da ich einfach mit der Unsicherheit und Angst nicht leben möchte, dass die zweite Brust irgendwann auch erkrankt. Er erwidert frei heraus: „Mensch Mädchen, Du bist noch so jung. Lass Dir die beiden Dinger abnehmen, die brauchst Du nicht, und dann kannst Du noch 100 Jahre alt werden!" Klare Ansage. Ich fühle mich in meinen Gedanken bestärkt.

Kurze Zeit später sitzen wir wieder mit dem Chefarzt der Frauenklinik zusammen. Ich erkläre ihm, dass ich die Entfernung beider Brüste möchte, damit ich langfristig meinen Seelenfrieden finden kann. Ich verfolge bei diesem Vorschlag konsequent mein Ziel, alles dafür zu tun, um gesund zu werden. Er gibt sich zunächst sehr nachdenklich, äußert letztendlich aber, dass er diese Entscheidung aufgrund der Befundlage mittragen könne.

Wir verabreden eine Bedenkzeit von zwei Tagen und wollen Freitag miteinander telefonieren, ob es bei meinem Entschluss bleibt.

Gleich nach dem Verlassen des Krankenhauses rufe ich meine Eltern an, um ihnen die positive Nachricht zu überbringen, dass ich derzeit nachweislich keine Knochenmetastasen habe. Wir köpfen zur Feier des Tages gemeinsam eine Flasche Champagner und begießen das erfreuliche Ergebnis.

Ich hätte mir für mein Leben nie vorstellen können, dass ich einmal feiern werde, dass mir „nur" beide Brüste entfernt werden und dass ich keine Knochenmetastasen habe.
Diese Situation erscheint mir grotesk.

30.05.08
Wie so oft in meinem Leben, wenn ich einen Weg für mich als richtig erkannt habe, zweifle ich auch diesmal nicht eine Sekunde an meiner zielorientierten Entscheidung – beide Brüste müssen amputiert werden, nur dann habe ich eine echte Chance, gesund zu werden.

Telefonisch verabrede ich mich mit dem Chefarzt schon für Sonntag zur OP-Aufklärung. Die OP soll dann am Montag stattfinden.

31.05. 08
Ein letztes Mal gehe ich mit echten Brüsten und eigenen Haaren mit meiner Familie in ein Erlebnisbad. *Wie lange wird es dauern, bis ich so etwas wieder erleben darf?*

30.05.08
Der Abschied von meiner Familie fällt mir sehr schwer. Elias hatten wir bereits vor Tagen darauf vorbereitet, dass ich ins Krankenhaus muss und ihn für die Wochentage bei meinen Eltern untergebracht. Mein Mann konnte sich in diesen Tagen nicht um alles kümmern - er hatte genug mit sich und seinen Sorgen um mich zu tun. Ich „verkaufte" es Elias als „Ferien" bei Oma und Opa.
Als er zum ersten Mal mit meinem bevorstehenden Krankhaus-aufenthalt konfrontiert wurde, waren wir gerade im Auto zu dritt auf dem Weg in den Kindergarten. Es hatte sich aus dem Gespräch heraus ergeben, dass ich ihm sagte, ich müsse für einige Tage ins Krankenhaus. Er begann umgehend herz-

zerreißend zu weinen und sagte, er wolle nicht, dass ich ihn alleine lasse – er war kaum zu beruhigen. Mein Mann musste mit ihm in den Kindergarten gehen, ich hätte diese Situation nervlich nicht durchgestanden. Stephan informierte die Erzieherin über Elias Zustand und sie versprach, sich seiner anzunehmen. Es war unglaublich schwierig für mich, meine Fassung zu bewahren. Derartige Szenen wiederholten sich noch ein paar Mal. Wir erinnerten Elias dennoch in den nächsten Tagen mehrmals daran, dass ich ins Krankenhaus gehen muss und er begann sich langsam mit dem Gedanken zu arrangieren.

Bevor wir ihn dann heute mit all seinen Sachen zu meinen Eltern brachten, habe ich ihm eine CD mit seinen Gute-Nacht-Liedern besungen, die ihm den Schmerz meiner Abwesenheit und die Einschlafphase erleichtern sollen.
Den Abschied bei meinen Eltern versuchte ich dann so kurz wie möglich zu halten, damit er meine eigene Verzweiflung nicht bemerkt. Er hatte sich nun damit abgefunden, ein paar Tage bei Oma und Opa zu wohnen – es war für ihn das erste Mal. Ich hatte ihm versprochen, ihm Postkarten aus dem Krankenhaus zu schicken und ihm eine Überraschung mitzubringen, wenn ich wieder nach Hause komme. Die Freude darüber kompensierte seinen Schmerz, von mir getrennt zu sein.

Im Krankenhaus angekommen werde ich von den dienst-habenden Krankenschwestern und der Ärztin sehr freundlich und Anteil nehmend begrüßt. In dem Aufnahmegespräch mit der Ärztin berichte ich ihr kurz über den aktuellen Stand meiner Krankengeschichte. Sie ist meines Erachtens nur ein paar Jahre älter als ich und Mutter von drei Kindern. Während meiner Erzählung steigen ihr Tränen in die Augen. Sie verabschiedet mich mit den Worten „Sie nehme ich mit nach

Hause." Es rührt mich zu sehen, dass sie Anteil nimmt. Dennoch sage ich ihr, dass es nicht gut für sie ist derart mitzufühlen und bitte sie darum, sich erst wieder an mich zu erinnern, wenn sie ihren Dienst wieder aufnimmt. Ich weiß aus eigener Erfahrung wie schwierig es ist, wenn man den nötigen professionellen Abstand zum Leid der Patienten nicht aufrecht erhalten kann. Auch die Krankenschwestern geben mir das Gefühl, keine Nummer bzw. „die mit dem Brustkrebs und der geplanten beidseitigen Ablatio (Brustamputation)" zu sein und erleichtern mir die Eingewöhnungsphase sehr.

02.06.08
Heute ist mein großer Tag! Heute werde ich gegen den Tumor punkten; er wird im OP eine ganz große Nummer verlieren.

Bevor es mit der OP losgehen kann, muss ich jedoch noch eine Höllenfahrt durchleben - die Vorbereitung zur Lymphknoten-szintigraphie. Aus organisatorischen Gründen wird die Lymph-knotenszintigraphie bei mir direkt vor der OP durchgeführt. Dieses bildgebende Verfahren ist notwendig, um die Anord-nung der Lymphknoten zu markieren, die die Lymphe aus dem Brustgewebe in die Arme ableitet. Der sogenannte Wächter-lymphknoten ist der erste Lymphknoten, über den die Lymphe abtransportiert wird. Heutzutage wird zunächst dieser Lymphknoten während der OP entfernt und im Schnellver-fahren auf Tumorzellen untersucht. Nur wenn dieser Lymph-knoten von Tumorzellen befallen ist, werden weitere Lymphknoten entfernt. Bedeutsam ist das Untersuchungs-ergebnis jedoch nicht nur für den OP-Verlauf, sondern vor allem für die Prognose (Abschätzung/Vorhersage der Heilungsaussicht). Ist der Lymphknoten nicht befallen, ist die Chance wesentlich höher, dass der Tumor im Körper noch keine entarteten Zellen verteilt hat oder anders gesagt, die

Chance keine Metastasen zu bekommen und wirklich geheilt zu werden, steigt statistisch betrachtet deutlich an.

Da nun der Operateur von außen aber nicht sehen kann, wo genau sich der Wächterlymphknoten befindet, muss dieser mithilfe eines Kontrastmittels und einer Szintigraphie dargestellt werden.

Die Vorbereitung zu dieser Untersuchung macht mich fertig. Meine seelische Verfassung ist in Anbetracht der bevorstehenden mehrstündigen Operation sowieso nicht stabil und dann injiziert mir die Ärztin noch je fünfmal pro Brust um die Brustwarze herum ein Kontrastmittel, welches beim Einspritzen wie Feuer brennt. Ich würde mich nicht als schmerzempfindlichen Menschen bezeichnen, aber das ist zuviel für mich. Wieder laufen mir die Tränen in kleinen Sturzbächen aus den Augen und ein sehr netter Krankenpfleger erträgt es, dass ich seine Hand so kraftvoll drückte, wie es in meiner Macht steht, um den Schmerz zu kompensieren. Nach der Injektion muss ich meine gefolterten Brüste 10 Minuten lang kräftig massieren, damit sich das Kontrastmittel gut verteilt. Dann werde ich für zwei Stunden entlassen, bis die Aufnahmen durchgeführt werden können. Am künstlich angelegten See vor dem Klinikum versuche ich mich wieder seelisch zu stabilisieren. *Wie unfair ist das eigentlich, dass ich jetzt noch Schmerzen an meinen beiden Brüsten aushalten muss, die in wenigen Stunden amputiert werden?*

Nach zwei Stunden werden die Szintigraphieaufnahmen gemacht und die Lymphknoten für den Operateur auf meiner Haut angezeichnet. Dann werde ich ohne weitere Wartezeit direkt in den OP abgerufen, es ist 10:45 Uhr – *das klappt ja gut. Vor der OP selbst habe ich eigentlich keine Angst, eher vor dem, was mich danach erwartet.*

Relativ schnell und friedlich schlummere ich im Vorbereitungsraum zur Operation ein.

Im Aufwachraum nach der OP nehme ich eine große Unruhe um mich herum wahr. Ich bekomme kurzfristig Schüttelfrost und daraufhin eine Wärmedecke. Dann werde ich wieder in mein Zimmer auf die Station verlegt. Ich blicke auf die Uhr und kann meinen Augen kaum trauen – es ist bereits 18:30 Uhr. *Mein Gott, was haben die denn so lange mit mir gemacht?*

Später erfahre ich, dass die OP vier Stunden gedauert hat. Viel wichtiger ist jedoch die Nachricht, dass die Lymphknoten beider Seiten in der ersten histologischen Untersuchung frei von Tumorzellen sind. Ich freue mich riesig – Spielstand: 3:4 für mich. Ich habe wenigstens zwei Punkte gegenüber dem Tumor aufgeholt: 1. er ist großflächig herausgeschnitten und im besten Fall jetzt gar nicht mehr in meinem Körper existent und 2. er hatte nicht genug Zeit, sich schon über meine Lymph-knoten im Körper auszubreiten. Erstmalig liege ich in unserem Zweikampf vorne.

Wie genau die OP verlaufen ist und ob der Chefarzt bereits intraoperativ einen Expander unter den Brustmuskel legen konnte, um direkt den Wiederaufbau der Brüste vorzubereiten, erfahre ich erst am nächsten Tag.

03.06.08
Nach der Gabe von Schmerzmitteln schlafe ich in der Nacht recht gut. Ich kann nur auf dem Rücken liegen, da aus jeder Wunde zwei Schläuche austreten, die das Wundsekret in Redonflaschen ableiten. Am nächsten Morgen ist mir zunächst schwindelig und ich habe leichte Kopfschmerzen. Der Kreis-lauf ist noch etwas instabil. Um meinen Brustkorb ist ein fester Brustwickel gelegt worden, der es mir nicht möglich macht zu erkennen, ob ein Wiederaufbau vorbereitet werden konnte oder nicht. Ich hatte dem Chefarzt vor der OP diesbezüglich Entscheidungsfreiheit gelassen und gesagt, er solle es bitte

lassen, wenn Gründe dagegen sprächen, aber ansonsten wäre ich für einen sofortigen Aufbau dankbar. Bei der Visite erfahre ich, dass der geplante Wiederaufbau in der Tat nicht durchgeführt werden konnte, da die rechte Seite nach der OP wider Erwarten doch noch bestrahlt werden müsse. Der Chefarzt hatte intraoperativ eine Gewebebrücke zwischen dem oberen und unteren Tumor entfernt und konnte nicht an allen Stellen den nötigen Sicherheitsabstand von 0,5 cm im gesunden Gewebe einhalten. Scheinbar waren noch weitere Stellen des Gewebes der rechten Brust auffällig verändert.

Normalerweise hätte der Chefarzt zur Vorbereitung des Wiederaufbaus der Brüste ein flaches Silikonkissen unter den Brustmuskel geschoben, welches in den nächsten Wochen nach und nach mit einer physiologischen Kochsalzlösung zur gewünschten Größe aufgespritzt worden wäre. Anschließend hätte man in einer weiteren OP die endgültig verbleibenden Silikonkissen eingelegt. Diese Vorgehensweise nennt man Expandermethode.

Eine örtliche Bestrahlung der Brust ist nach dem Einlegen des Silikons jedoch nicht mehr möglich.

Es fällt mir zunächst schwer, mich mit dem Gedanken abzufinden, dass ich nun längerfristig „platt wie eine Flunder" leben soll und ich lehne das Angebot der Krankenschwester ab, mir die Wundfläche nach dem Abnehmen des Brustwickels anzusehen. *Ich bin noch nicht soweit und muss die Nachricht erst einmal verarbeiten.*

Mit der Krankengymnastin drehe ich die erste Runde über den Flur.

Die Schmerzen sind im Großen und Ganzen mit wenig Schmerzmittel gut zu ertragen.

04.06.08

Ich bin etwas aufgeregt, denn heute Nachmittag wird mich mein Mann mit unserem Sohn zum ersten Mal nach der Operation besuchen. Da ich mich für die beiden schön machen möchte, wasche ich mir, auf einem Stuhl vor dem Waschbecken sitzend, die Haare. Es fällt mir zwar noch schwer, die Arme über den Kopf zu heben und der Kreislauf ist nicht ganz stabil, aber Wille versetzt ja bekanntlich Berge und ich will meine Männer nicht mit ungepflegter Frisur in Empfang nehmen. Mit meinen Haaren war ich schon immer etwas eigen. Letztendlich funktioniert es besser als zunächst vermutet und ich kann mir die Haare sogar wie gewohnt über die Rundbürste fönen.

Schmerzmittel benötige ich ab heute schon nicht mehr und bin im Großen und Ganzen mit dem Verlauf der letzten Tage sehr zufrieden.

Die Krankenschwestern sind auf die Pflege von Patientinnen wie mich eingestellt. Ich nehme ihr Angebot dankend an, einen mit Watte ausstaffierten BH anzuziehen. Nun kann auf den ersten Blick niemand mehr sehen, warum ich eigentlich hier liege. Es erleichtert mir den Gang über die Flure und die Begegnungen mit fremden Menschen sehr. Danke dafür.

Am Morgen habe ich es zum ersten Mal gewagt, der Realität „ins Auge zu sehen". Ich habe den Brustwickel alleine im Badezimmer abgenommen und mir meine Wunden angesehen. Zunächst war ich selbst geschockt und stand, mit den Schultern nach vorne gebeugt vor dem großen Spiegel und dachte nur *Oh Gott, das kann doch wohl nicht wahr sein – und das bist jetzt Du? Was ist aus Deiner guten Figur geworden?*
Ich habe zwei große Narben, die jeweils ca. 15 cm unter den Achselhöhlen beginnen und sich über den ganzen Oberkörper in einer leichten Wellenlinie fast bis zum Brustbein hinziehen.

Nur das Brustbein ist etwa 5 cm narbenfrei. Zusätzlich ist der obere Tumor der rechten Brust entfernt worden, weshalb ich auf der rechten Seite eine weitere, ca. 7 cm lange Narbe, ungefähr 3 cm über der langen Narbe habe. Doch selbst das reichte noch nicht, denn ich habe ja auch noch die beiden 2-3 cm langen Narben der Lymphknotenentfernung unterhalb der Achselhöhlen. Um alle Narbengebiete herum zeigen sich rot-blaue Verfärbungen durch Blutergüsse, vermischt mit dem braun des Desinfektionsmittels aus dem OP – ein Bild des Grauens.

So stehe ich also da und finde alles ganz schrecklich. Dann kommen mir entscheidende Gedanken, mit denen ich mir selbst den Kopf zurechtrücke: *Das bist jetzt du! Nur durch die Entfernung der Brüste bekommst Du eine echte Chance, gesund zu werden. Mit Brüsten wärst du irgendwann gestorben. Es war der einzig richtige Weg!*
Ich gebe mir selbst den Befehl, mich gerade hinzustellen und die Schultern zurückzunehmen – aufrecht betrachte ich mein Gegenüber im Spiegel und denke: *Es wird schon gehen. Alles braucht seine Zeit.* Im wahrsten Sinne des Wortes heilt Zeit ja Wunden!

Der Nachmittag naht und ich werde zunehmend nervöser. *Wie kann ich es organisieren, dass Elias die vier Redonflaschen nicht sieht und sich nicht erschrickt?* Auch hier helfen die Krankenschwestern aus, indem sie mir aus einer Mullbinde einen Gürtel anlegen, an dem ich die Flaschen befestigen kann. Ich ziehe mir ein weites Nachthemd an und plane, das Bett nur mit dem Morgenmantel angezogen zu verlassen, unter dem die Flaschen nicht so auffallen.
Irgendwann klopft es an der Tür und mein kleiner Sonnenschein betritt den Raum. Ich bin so glücklich, meinen Sohn nach der großen OP wiederzusehen, dass ich mich nicht

beherrschen kann und mir Tränen über das Gesicht laufen. Elias wirkt kurzfristig verstört. Er versteht nicht, warum ich weinen muss, weil wir uns sehen. Ich versuche ihm zu erklären, dass ich vor Glück weine. Dann habe ich meine Gefühle schnell wieder unter Kontrolle und der Besuch wird zu einem schönen Erlebnis. Wir lachen viel, essen Eis und Elias schenkt mir die Bilder, die er für mich gemalt hat. Als er mit mir auf dem Bett liegt, möchte er gerne meinen Verband sehen. Ich sage ihm, dass es dafür noch etwas zu früh ist und er sich noch ein wenig gedulden muss.

Immer wieder stelle ich mir die Frage, wie ich Elias erklären soll, dass ich nun keine Brüste mehr habe und wie er den Anblick verkraften wird. Wir haben vor meiner OP oft zusammen geduscht und keine Scham voreinander gehabt. Es ist schwer zu entscheiden, welcher Weg der richtige ist. Die Sorge, dass ich ihn überfordern könnte, ist groß. *Wie soll es zu Hause nur laufen? Muss ich mich in meinen eigenen vier Wänden in Zukunft vor meiner Familie verstecken?*

05.06.08
Heute klappt es mit dem geraden Hinstellen vor dem Spiegel im Badezimmer schon viel besser.

06.06.08
Das Ergebnis der pathologischen Untersuchung des Brustgewebes ist da. Ich hatte mich richtig entschieden. Die Pathologin hat tatsächlich auch in der linken Brust ein kleines, noch eingekapseltes Karzinom von 0,4 cm entdeckt. *Also war die Entfernung der linken Brust tatsächlich nicht umsonst.*

Das, was ich darüber hinaus in der Visite höre, stimmt mich alles andere als glücklich.

Der pathologische Befund der rechten Brust zeigt an einer Stelle einen unzureichenden Sicherheitsabstand. Der Tumor geht an dieser Stelle bis zur Schnittkante.

Der Chefarzt eröffnet mir, dass er an dieser Stelle noch einmal „nachresizieren" möchte – auf den Punkt gebracht – eine weitere OP steht mir bevor. Ich bin verzweifelt. *Gerade bin ich die letzte Redonflasche los geworden, habe nur noch wenig Schmerzen und nun soll alles von vorne beginnen? Wer hat sich das nur für mich ausgedacht? Bin ich nicht schon genug gestraft?*

Ich denke über Alternativen nach und behalte dabei mein Ziel im Auge, wieder gesund zu werden. *Gibt es an dieser Stelle überhaupt einen anderen Weg?*

Ich komme zu dem Ergebnis, dass ich auch nicht mit der Information nach Hause gehen könnte, dass nicht alles im Gesunden entfernt worden ist. *Also – wieder Augen zu und durch!*

Die nächste OP soll in vier Tagen stattfinden.

07.06.08

Es ist Samstag und der fünfte Tag nach der Operation. Der Chefarzt bietet mir an, über Nacht bis Sonntagabend nach Hause zu gehen. Meine Schwängerin will mich heute Nachmittag noch besuchen. Eine gute Gelegenheit, um gleich die Sachen zu packen, denn sie wohnt nur zwei Reihenhäuser neben uns. Stephan und Elias sind heute Nachmittag auf einem Fest im Kindergarten. Zunächst lehne ich das Angebot des Arztes ab, da ich Sorge habe, wie es Elias verkraftet, wenn ich jetzt nach Hause komme, einen Tag später aber schon wieder ins Krankenhaus muss. Dann siegt aber mein eigenes Verlagen, das Krankenhaus zu verlassen und bei meiner Familie zu sein. Meine Schwägerin und ich fahren kurz bei meinen Eltern vorbei. Von dort rufe ich im Kindergarten an, um Elias auf meinen kurzen Besuch vorzubereiten. Ich sage ihm, dass ich wirklich nur für eine Nacht zu Hause sein werde und dass er nicht traurig sein solle, wenn ich morgen wieder führe. Meine beiden Männer freuen sich, mich zu Hause in die Arme schließen zu können.

08.06.08

Ich nutze die Gelegenheit und bade meinen Sohn, bevor ich heute Abend zur zweiten OP-Runde im Krankenhaus antrete. Nachdem ich ihn abgetrocknet habe, deutet er wieder an, dass er sich gerne meinen Verband ansehen würde. Ich nutze spontan die Gelegenheit und erkläre ihm, dass ich jetzt keine Brüste mehr habe, da sich etwas Böses in meinen Brüsten befunden habe, was die Ärzte im Krankenhaus wegnehmen mussten, damit ich wieder gesund werde. Um ihm das Ganze zu veranschaulichen, mache ich aus einem Handtuch ein kleines Knäuel und halte es Elias vor die Brust. Ich bitte ihn sich vorzustellen, dass dies meine Brust gewesen sei. Dann schließe ich das Knäuel mit den Händen ein und zeige ihm, dass die Ärzte die Brüste abgemacht und mitsamt dem Bösen mitgenommen haben. Er fragt, wo die Brüste denn nun seien und ich sage ihm, dass sie sich irgendwo im Krankenhaus befänden. Um es ihm wirklich verständlich zu machen, entnehme ich meinem BH die Wattepolster und gebe ihm diese in die Hand. Ich zeige ihm, dass ich nun einen ganz flachen Oberkörper habe und eigentlich aussehe wie er. In seiner kindlichen Denkweise möchte Elias wissen, ob die Brüste irgendwann wieder nachwachsen.

Die ganze Zeit über bewahre ich einen lockeren, gelassenen Ton, sodass mein Sohn nicht bemerkt, was dies letztendlich wirklich für mich bedeutet. Er fasst es genauso locker auf und rennt mit der Watte in der Hand zu meinem Mann: „Papa, Papa - Mama hat nun gar keine Brüste mehr." Abschließend sage ich Elias, dass ich nun quasi zwei Reißverschlüsse an den Stellen habe, wo die Brüste waren, man diese aber nicht aufmachen könne. Ich verspreche ihm, dass er sich dies in Kürze auch ansehen dürfe. Elias fasst die Veränderung entspannt auf.

Um die Sache für mich abzurunden erkläre ich ihm noch, dass ich dennoch noch nicht ganz gesund bin und dass ich bald starke Medikamente bekommen werde, die mich müde machen und zum Haarausfall führen. Er hört aufmerksam zu, kann sich dies aber sicherlich nicht im Entferntesten vorstellen – *da geht es ihm wie mir*.

Mir fällt ein Stein vom Herzen, dass ich mit diesem spielerischen Weg der Erklärung einen guten Weg gefunden habe, Elias über meine Veränderung zu informieren. Der erste Schritt ist geschafft!

Etwas erleichtert gehe ich abends zurück ins Krankenhaus.

10.06.08
Heute ist der Tag der zweiten OP. Für die OP sind etwa nur 45 Minuten angesetzt. Die Narbe auf der rechten Seite wird wieder eröffnet und ein Teil des Gewebes nahe des Brustbeins entfernt.
Gegen Mittag werde ich in den OP-Vorbereitungsraum gebracht und bin schon am Nachmittag mit nur einer Redonflasche wieder zurück in meinem Zimmer. Ich darf abends wieder essen und stehe zur Toilette auf. Im Vergleich zu der ersten OP empfinde ich diese eher als Spaziergang. Wenn ich vorab gewusst hätte, wie es verläuft, hätte ich nicht so viel Stress damit gehabt, nochmals operiert werden zu müssen.

13.06.08

Die Redonflasche wurde bereits am zweiten Tag nach der OP gezogen, sodass ich mich wieder frei bewegen konnte. Die Schmerzen hielten sich sehr in Grenzen.

Der Chefarzt kommt heute Morgen zur Visite und inspiziert die Wunden. Dann kommt die Überraschung – er entlässt mich schon heute nach Hause. Das lasse ich mir nicht zweimal sagen und packe meine Sachen. Ich freue mich auf den Moment, wenn ich Elias mit meinem Mann zusammen aus dem Kindergarten abhole und ihm sagen kann, dass ich nun nicht wieder zurück ins Krankenhaus muss.

Als ich gerade zu Hause hinter mir die Türe zuziehe, bekomme ich einen Anruf vom Chefarzt aus dem Krankenhaus. Die histologische Untersuchung des Gewebes der zweiten OP ist da – alles wurde im Gesunden entfernt – *super, das wäre geschafft.*

15.06.08

Wir genießen nach einer Zeit voller Angst gemeinsam das erste Wochenende zu Hause.
Ich benötige immer wieder kurze Pausen – die Kondition lässt noch zu wünschen übrig.

Mein Mann war heute mit Elias beim Tag der offenen Tür eines Fußballvereins. Elias möchte so gerne Fußball spielen. Am Nachmittag wird er immer ruhiger und klagt über Kopfschmerzen. Er bekommt schlagartig sehr hohes Fieber. Sein Kommentar: „Mich hat das Fußballfieber gepackt."

Bereits in den letzten Tagen hatte ich eine Verschlechterung der Lunge bei Elias bemerkt. Scheinbar hatte er so lange durchgehalten, bis ich wieder zu Hause bin, um mich um ihn kümmern zu können– *er lässt eben nur seine private Kranken-schwester an sich heran.*

Alle drei Stunden nach der Gabe fiebersenkender Mittel bekommt Elias wieder Schüttelfrost und bis zu 40,5°C Fieber. Die Nacht wird für mich sehr stressig und schlaflos.

16.06.08
Der Kinderarzt diagnostiziert eine leichte Lungenentzündung. Bereits im letzten Herbst des vergangenen Jahres hatte Elias eine ganz schwere Lungenentzündung gehabt.

Er bekommt ein Antibiotikum verordnet. Nun sind wir wieder sehr gefordert, da Elias immer in Verbindung mit hohem Fieber auch Magenprobleme bekommt und es sich als äußerst schwierig erweist, ihm das Antibiotikum zu verabreichen. Oft erbricht er das Mittel direkt nach der Einnahme oder schluckt es gar nicht erst hinunter. Wir versuchen es mit allen möglichen Tricks und stellen ihm sogar Gummibärchen in Aussicht, wenn er das Medikament erfolgreich einnimmt.

19.06.08
Das Fieber ist, trotz Einnahme des Antibiotikums, nur langsam zurückgegangen. Die Tage und Nächte waren für mich, nach all dem, was ich selbst in den letzten 14 Tagen durchgemacht habe, die Hölle. Mein Körper und meine Seele schrieen nach Erholung und Zeit für mich selbst und nichts davon ließ sich realisieren. Gott sei Dank war mein Mann stundenweise mit zu Hause geblieben, um mich zu unterstützen.

23.06.08
Der erste Tag nach meiner Odyssee, an dem ich mich um mich selbst kümmern kann – *wie ich die Zeit genieße.*

Langsam versuche ich mich gedanklich auf die bevorstehende Chemotherapie vorzubereiten.

In drei Tagen findet das Vorgespräch in der Onkologie statt. Ich hoffe, ich kann die Termine der Chemotherapie so vereinbaren kann, dass wir unseren schon lange vorab gebuchten Dänemarkurlaub machen können.

Ich lese mehrere Bücher von Frauen, die an Brustkrebs erkrankt waren und erfahre, dass Chemotherapien scheinbar sehr unterschiedlich vertragen werden. Eine Autorin berichtet über den Verlauf ihrer Hochdosischemo eher gelassen und scheint diese recht gut verkraftet zu haben. Eine andere wiederum beschreibt ihre Erfahrung derart, dass ich das Buch gar nicht weiterlesen kann, da es mir Angst macht und mich verunsichert. Nicht alle Bücher, auf denen im Klappentext steht, dass sie Mut machen, halten, was dort versprochen wird.

In dem erst genannten Buch berichtet die Autorin von einer Visualisierungstechnik, die sie sich über das Buch „Wieder gesund werden – eine Anleitung zur Aktivierung der Selbstheilungskräfte für Krebspatienten und ihre Angehörigen" des Ehepaares Simonton angeeignet hat.

Auch ich stelle mir ein Bild in meinen Gedanken vor, wie die Chemo in meinen Körper einläuft und wie die weißen Blutkörperchen im Kampf gegen die Krebszellen vorgehen.

Ich möchte die Chemo als Partner im Kampf gegen den Krebs verstehen und nicht als ein Kampfmittel gegen mich und meinen Körper. Sie bekommt gedanklich von mir den Auftrag, nur die Krebszellen zu vernichten und meine anderen gesunden Körperzellen zu verschonen.

Durch meine eigene Denkweise nehme ich mir zunehmend die Angst vor der Chemiekeule.

Nachmittags setzte ich mich mit Elias an den Wohnzimmertisch und wir malen – es entsteht folgendes Bild:

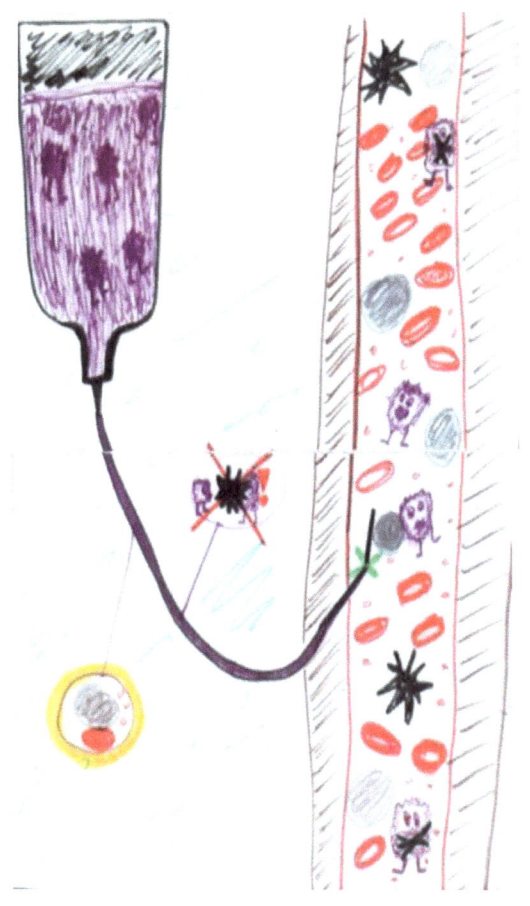

25.06.08

Mit einem Rezept für eine Perücke in der Tasche fahre ich heute mit meiner Mutter als Beraterin zu einem Perückenhersteller. Ich möchte mir eine Perücke aussuchen, die eventuell schon etwas kürzere Haare hat wie ich jetzt, um mich an eine Frisur zu gewöhnen, die nach Chemotherapie für mich in Frage kommt, wenn die Haare noch nicht wieder so lang gewachsen sind.

Die Beraterin in dem Perückenstudio ist unglaublich freundlich und nimmt sich viel Zeit. Sie zeigt mir mehrere Modelle mit unterschiedlichen Haarlängen und Haarfarben und es dauert nicht lange, bis wir ein passendes Modell gefunden haben. Dann suche ich mir noch etliche Tücher aus, die ich alternativ tragen kann.

Die Perücke und die Tücher gefallen mir sehr gut, sodass ich etwas erleichtert den Heimweg antrete. *Das wäre schon mal geschafft!*

26.06.08
Ich finde mich zur Vorbesprechung der Chemotherapie in der ambulanten Onkologie ein. Die Atmosphäre verunsichert und bedrückt mich sehr. Ich hatte mir die Räumlichkeiten anders vorgestellt. In zwei sehr kleinen und einem etwas größeren Raum sitzen die Patienten auf Lehnstühlen wie die Hühner auf der Stange und lassen unterschiedlich farbige Flüssigkeiten in ihre Körper einlaufen. Einige Patienten reden miteinander, andere lesen und wieder andere starren einfach an die hellgraue Wand. Ich kann es nicht fassen, dass man die Räume nicht etwas freundlicher gestaltet hat. Das Krankenhaus ist ganz neu gebaut und eingerichtet worden und man hat in keiner Weise berücksichtigt, dass sich gerade an solchen Orten die Atmosphäre sicher auch auf die Verträglichkeit der Chemo bei den Patienten auswirkt. *Haben die Gestalter noch nie etwas von positiver Konditionierung gehört?*

Dort sitzen nun die Patienten in ihren Lehnstühlen oder in der Warteschleife auf dem Flur – mit oder ohne Haare oder mit einer Perücke, mehr oder weniger blass und durch den Mangel

an roten Blutkörperchen mit typischer gelblich, grauer Gesichtsfarbe gezeichnet. *Mein Gott – und bald soll ich zu ihnen gehören.*
Im Gegensatz zur Atmosphäre erlebe ich das Gespräch mit dem dortigen Chefarzt sehr positiv. Er verhält sich zugewandt und befürwortet den 14-tägigen Urlaub in Dänemark. Der Termin für die erste Chemo wird für den 08.07. vereinbart. Ich soll zwei unterschiedliche Mittel bekommen.

01.07.08
Zur Vorbereitung auf meinen Haarausfall und die Zeit danach habe ich heute einen Termin bei meiner Friseurin nach Feierabend vereinbart. Mit meiner Perücke und Fotos, auf der ich diese trage, gehe ich in den Friseursalon und lasse mir die Haare entsprechend der Perücke schneiden und frisieren. Die Haare sind nun kürzer und pfiffiger geschnitten als vorher – die Frisur ist eine echte Alternative zu meinem langjährigen Haarschnitt für die Zeit nach dem Haarausfall.

04.07.08

Ich habe in dem Buch über die Visualisierungstechnik zur
Aktivierung der Selbstheilungskräfte weiter gelesen und be-
merkt, dass ich mir die Krebszellen viel zu mächtig vorgestellt
habe. Umgehend verarbeite ich die dort neu gewonnenen
Informationen und male ein weiteres Bild, welches meine
Vorstellung aktualisiert:

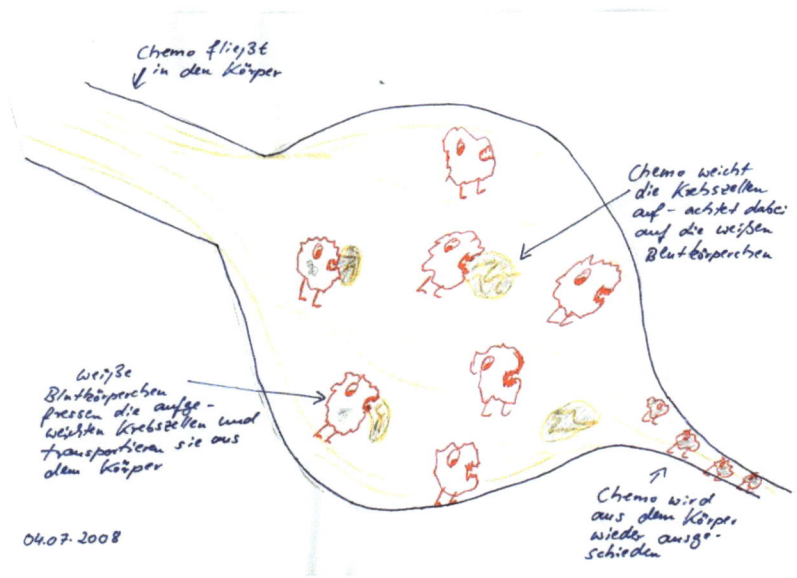

07.07.08

Morgen ist der Termin für die erste Chemo. Ich nutze den
heutigen Tag, um es mir noch einmal richtig gut gehen zu
lassen.

Abends habe ich einen Termin im Klinikum zur Kontrolle der
Wundheilung.

Am frühen Abend, auf dem Rückweg aus der Klinik, bekomme
ich einen Anruf von Stephan auf meinem Handy. Elias ist

rückwärts von einer Absperrkette auf den Hinterkopf gestürzt. Er habe eine riesige Beule am Hinterkopf, die Stephan jetzt zu Hause kühle.

Als ich nach Hause komme, wird mir beim Anblick der Beule ganz anders zumute. Noch nie in meinem Leben habe ich eine derart große Beule gesehen. Auf der Beule befindet sich eine kleine Platzwunde, die, wäre sie nur minimal größer gewesen, hätte genäht werden müssen. Wir kühlen die Beule systematisch und ich verabreiche Elias Arnica. Meine größte Sorge besteht darin, dass Elias eine Hirnblutung bekommen könnte. Je nach Art der Hirnblutung können die Symptome oft auch erst mehrere Stunden nach einem traumatischen Ereignis auftreten.

Die Nacht wird für mich sehr schlaflos. Ich versuche Elias Bewusstseinszustand in regelmäßigen Abständen zu überprüfen, was sich bei einem schlafenden Kind natürlich sehr schwierig gestaltet.

Nach etwa drei oder vier Stunden Schlaf mit vielen Unterbrechungen ist die Nacht für mich beendet und die erste Chemo steht mir direkt bevor.

08.07.08

Mittlerweile habe ich mich gedanklich weiter mit der Chemo arrangiert und habe keine Angst mehr, diese verabreicht zu bekommen. Ich sehe meinen Weg der Gesundwerdung ganz deutlich vor mir – Operation, Chemotherapie, Bestrahlung, Rehabilitation – Ziel erreicht.

Im Sinne der positiven Konditionierung schaffe ich mir selbst einen angenehmen Rahmen für das Empfangen der ersten Chemotherapie. „Bewaffnet" mit Gummibärchen und einem Brot, einem guten Buch und meinem Laptop betrete ich die Station. Dem Laptop kommt an dieser Stelle die wichtigste

Bedeutung zu, denn auf diesem habe ich meine Urlaubsbilder, Hörbücher, Musik und Spielfilme abgespeichert – das Unterhaltungsprogramm für mehrere Stunden ist gesichert.

Bevor es losgehen kann, muss ich noch kurz mit dem Chefarzt Rücksprache halten, da ich seit heute ziemlich heiser bin und mich sorge, dass die Chemo aus diesem Grund verschoben werden muss. Erfreulicherweise gibt der Chefarzt grünes Licht. Mir ist sehr daran gelegen, den Termin einzuhalten, da ansonsten unser Urlaub gefährdet ist.

Anfangs bekomme ich eine Venenverweilkanüle gelegt über die mir reichlich Medikamente verabreicht werden, die die Nebenwirkungen begrenzen sollen. Unter anderem bekomme ich ein Medikament gegen Übelkeit, Kortison und ein Antiallergikum gespritzt.
Dann folgen nacheinander die beiden Infusionen, die langsam und stetig in meine Venen einlaufen. Ich amüsiere mich mit meinen Fotos und schaue mir anschließend einen Spielfilm an. Irgendwann bin ich, auch aufgrund der schlaflosen Nacht, sehr müde und höre ein bisschen Musik. Die Infusionen laufen etwa über 3 Stunden ein, dann werde ich wieder in die Freiheit entlassen.

Meine Eltern holen mich auf der Station ab. Ich fühle mich etwas müde, aber ansonsten ist alles o.k. Wir gehen gemeinsam essen und dann bringen sie mich nach Hause. Ich lege mich für etwa eine Stunde schlafen, dann kommen meine beiden Männer nach Hause und wir verbringen den Rest des Tages gemeinsam. Bisher merke ich von der Chemo kaum etwas.

09.07.08
Die Nacht war o.k. Ich fühle mich noch immer ganz gut. Die Heiserkeit hat etwas zugenommen.

Am Abend gehe ich zur Abschiedsfeier einer meiner Klassen, die auf einem Campingplatz in unserer Wohnortnähe statt-findet. Es ist so schön, die Schüler und Kollegen wieder-zusehen und mit ihnen den Abschluss ihrer Ausbildung zu feiern. Ich bekomme von den Schülern noch ein schönes Abschiedsgeschenk überreicht. Nach etwa 2,5 Stunden muss ich mich aber leider auf den Heimweg machen, da ich etwas friere und meine Stimme immer stärker nachlässt. Dennoch habe ich den Ausflug sehr genossen.

10.07.08

Ich bekomme durch meine Heiserkeit kaum noch ein Wort heraus und bin sehr müde. Der Magen macht etwas Probleme und ich muss mir genau überlegen, was ich essen kann. Ich habe einen metallischen Geschmack im Mund. Dennoch ist es nicht so schlimm, dass ich Medikamente gegen Übelkeit nehmen müsste. Es ist alles noch im Rahmen des Erträglichen.

12.07.08

Ab heute geht es schon wieder bergauf. Ich fühle mich besser als an den letzten beiden Tagen, auch wenn meine Kondition noch etwas zu wünsche übrig lässt. Die Heiserkeit hält sich noch immer hartnäckig. Gestern ging es mir ähnlich, wie am Vortag. Die Symptome haben sich nicht großartig geändert. Ich bin über den Verlauf der ersten Chemo zufrieden und kann mir kaum vorstellen, dass sich mein Zustand jetzt noch verschlech-tert.

13.07.08

Heute Abend hat mein Mann meine 12-jährige Stieftochter Johanna aus seiner ersten Ehe abgeholt. Sie wohnt bei ihrer Mutter in Belgien und kommt drei- bis viermal im Jahr zu uns zu Besuch. Jetzt wird sie für vier Wochen bei uns bleiben. Es ist immer schön, wenn sie uns besucht. Wir haben ein sehr gutes Verhältnis zueinander und Elias liebt sie über alles.

Seit meiner Diagnosestellung hat sie mich noch nicht wieder gesehen. Als sie unser Haus betritt, bemerke ich ihre Unsicherheit mir gegenüber. Sie weiß nicht genau, wie sie sich verhalten soll und bleibt zunächst distanziert. Ein Bekannter ihrer Mutter ist unheilbar an Krebs erkrankt und sie hat in dieser Familie die Sorgen und Nöte auch rund um die Chemotherapie mitbekommen. Sie hat offensichtlich Angst, da sie nicht weiß, wie es bei uns verlaufen wird und wie es mit mir weitergeht.
Als wir uns abends alle für das Zubettgehen fertig gemacht haben, nehme ich mir viel Zeit, um ihr alles, was bisher gewesen ist und das, was abzusehen ist, zu erklären. Ich sage ihr, dass mir auch die Haare ausgehen werden, dass es aber nicht so ist, dass ich unheilbar erkrankt bin. Im Laufe des Gespräches bemerke ich, wie sich die Anspannung bei meiner Stieftochter langsam löst.

17.07.08

Mein Allgemeinzustand hat sich in den letzten Tagen immer weiter gebessert und ich fühle mich ganz gut. Die Urlaubsvorbereitung läuft auf Hochtouren. Ich bin so dankbar und glücklich darüber, dass wir den Urlaub antreten können.

19.07.08

Die Fahrt nach Dänemark verläuft problemlos. Wir stehen um 4:00 Uhr morgens auf und fahren gegen 5:30 Uhr los. Unterwegs, kurz vor der dänischen Grenze, treffen wir mit meinen Eltern an einer Raststätte zusammen und fahren die restlichen Stunden im Konvoi.

Das Ferienhaus ist super. Ich bin sehr glücklich, hier zu sein.

21.07.08

Abends sitze ich mit meinem Mann am Hafen und wir genießen die Abendstimmung der untergehenden Sonne. Es ist so überwältigend schön, dass es mir den Hals zuschnürt und ich weinen muss – *Wie oft werde ich dies noch alles genießen können? Warum muss gerade ich mir Gedanken darüber machen, wie viele Monate oder Jahre mir noch zum Leben bleiben?*

22.07.08

Die erste Chemo liegt nun genau zwei Wochen zurück. Ich hatte gehofft, dass ich vom Haarausfall noch bis zur nächsten Therapieanwendung verschont bliebe, doch dem ist nicht so. Der Haarausfall beginnt.

25.07.08

Es ist eine Sache, es theoretisch zu wissen, dass die Haare ausgehen werden und eine andere, wenn man die Haare dann überall herumliegen sieht. Meine Frustration steigt zunehmend. Ich kann mir die Haare mittlerweile büschelweise aus dem Kopf ziehen und wenn ich dusche, kleben sie mir am ganzen Körper. Überall sehe ich nur meine Haare. Ich plane, mich noch mit eigenen Haaren über meinen Geburtstag zu retten und den Rest dann abzurasieren. *Ich werde bestimmen, wann es ein Ende hat.*

26.07.08

Heute ist mein 39. Geburtstag. Am liebsten würde ich mich vergraben und den Geburtstag ausfallen lassen. Von Feierlaune bin ich ganz weit entfernt. Meine Familie ist aber so lieb und hat mir einen schönen Geburtstagstisch gedeckt. Sie singen mir ein Geburtstagsständchen und ich kann meine Tränen nicht verbergen. *Womit habe ich das verdient, dass mir mit nur 39 Jahren die Endlichkeit meines Lebens vor Augen gehalten wird? Andere Frauen denken in diesem Alter darüber nach, ob sie noch ein Kind bekommen möchten und ich sitze nun hier, ohne Brüste und mit zunehmendem Haarausfall. Nein, ein Grund zum Feiern ist dies nicht!*

Meine dänische Freundin kommt vormittags zu Besuch, um mir zu gratulieren. Auch vor ihr kann ich meine Traurigkeit nicht verbergen, als ich ihr berichte, wie es sich mit meinen Haaren verhält und dass ich Sorge habe, dass ich meinen Lieblingsurlaubsort möglicherweise nicht mehr so häufig sehen werde, wie ich es mir vorgestellt habe. Sie nimmt mich mit Tränen in den Augen in den Arm und wir halten uns ganz fest.

Nachmittags wird gegrillt und anschließend machen wir einen Spaziergang an den Hafen, um Eis zu essen. Ich spreche über meine Ängste mit meiner Mutter und muss wieder weinen – *ich würde alles gut ertragen können, wenn mir jemand die Garantie geben könnte, dass es ein gutes Ende nimmt. Heute ist kein guter Tag für mich.*

27.07.08

Die Haare gehen mir weiterhin büschelweise aus. Heute werde ich das Drama beenden. Die Haare werden abrasiert. Ich beginne mir die Haare an den Seiten mit einer Haarschneidemaschine zu entfernen. Mein Spiegelbild bringt mich zum Lachen, da ich aussehe, als hätte ich eine Palme auf

dem Kopf. Situationskomik! Ich lasse meinen Mann ein Foto machen und zeige mich den Kindern, damit der Schock für sie nicht so groß ist, wenn die Haare gleich ganz abrasiert sind. Dann entferne ich den Rest der Haare und konfrontiere meine Familie mit meiner Glatze. Vor allem Johanna scheint irritiert und muss sich erst einmal an den Anblick gewöhnen, der Rest meiner Familie nimmt die Veränderung recht gelassen und empfindet es nicht als so schlimm, wie erwartet.
Ich fühle mich jetzt eigentlich erleichtert. Mir geht es deutlich besser als gestern. Das hätte ich selbst nicht so erwartet. Ich trage es mit Fassung.

29.07.08
Ich liege mit Elias auf seinem Bett im Zimmer in Dänemark. Er ist sehr müde und etwas weinerlich. Plötzlich sagt er mit tränenerstickter Stimme, dass er ganz traurig ist, dass ich nun keine Haare mehr habe. Ich erkläre ihm, dass ich auch sehr traurig darüber bin, aber dass es wichtiger ist, dass ich gesund werde und dass die Haare wieder wachsen werden. Er ist dennoch sehr unglücklich. Er fragt mich, ob ich mir meine Perücke aufsetze, wenn wir am nächsten Tag Gäste bekommen. Meine Schwägerin hat geplant, uns spontan mit ihrer Familie im Ferienhaus zu besuchen. Kann es denn wirklich sein, dass es einem Vierjährigen schon peinlich ist, wenn seine Mutter ohne Haare anderen Menschen gegenübertritt???

30.07.08
Mein Allgemeinzustand ist so gut, dass ich heute sogar wieder ein bisschen joggen konnte. Es waren zwar nur 20 Minuten mit anschließendem Walking von nochmals 20 Minuten, aber immerhin. Meine Kondition ist so gut, wie schon lange nicht mehr. Nach dem Joggen halte ich meinen Kopf unter den Wasserhahn – eine hervorragende Abkühlung – eine Glatze hat auch Vorteile.

02.08.08

Unser Urlaub ist beendet. Wir müssen heute wieder abreisen. Der gestrige Abschied von meiner dänischen Freundin fiel mir sehr schwer. *Wann werde ich sie und diesen Ort wiedersehen?*

Die Rückreise verläuft weitestgehend problemlos.

Gedanklich bereite ich mich auf die zweite Chemotherapie vor. Sie wird in drei Tagen stattfinden. Ich bin froh, dass es in der Therapie weiter vorangeht, da ich diese doch wie einen kleinen Berg vor mir herschiebe.

04.08.08

Ich mache Elias nach seinem Vollbad im Badezimmer fertig. Mit seiner Überschwänglichkeit umarmt er mich und sagt: „Du bist die beste Mama auf der ganzen Welt und ich kann mich sofort in Dich verlieben. Nach einer ganz kurzen Pause ergänzt er: „…auch wenn Du nun keine Haare mehr hast."
Ich bin berührt, wie sensibel ein vierjähriger Junge doch sein kann. Wie oft hatte ich ihm gegenüber meine Befürchtung geäußert, dass er mich wohl nicht mehr schön finden würde, wenn mir die Haare alle ausgefallen sind.

05.08.08

Heute habe ich meine zweite Chemo bekommen. Ich bin mit einem leichten Infekt angetreten, der sich in den letzten Tagen aufgedrängt hat, sich aber noch in Grenzen hält.

Die Verträglichkeit während des Einlaufens der Infusionen über ca. drei Stunden war kein Problem.

Nachmittags fühle ich mich wieder ein bisschen schlapp, aber ansonsten ganz o.k.

06.08.08

Am Vormittag fühle ich mich noch so gut, dass ich mit meinem Mann und meiner Stieftochter einen etwas längeren Spaziergang machen kann. Anschließend gehen wir einkaufen. Am Nachmittag merke ich langsam, dass ich doch zunehmend erschöpft bin und Ruhe brauche.

07.08.08

Elias und ich befinden uns wieder im Badezimmer, nachdem ich ihn geduscht habe. Plötzlich sagt er zu mir: „Ich mache mir manchmal Sorgen um Dich, wenn ich im Kindergarten bin." Ich frage ihn, woran er dabei denke und er erwidert: „Ich mache mir Sorgen, dass Du wieder krank wirst oder ins Krankenhaus musst." Ich erkläre ihm, dass ich derzeit ja auch noch nicht wieder ganz gesund bin und dass ich die starken Medikamente bekomme, damit ich langfristig wieder gesund werde. Auch im Vorfeld hatte ich immer wieder mit ihm über die Auswirkung und Nebenwirkungen der Chemotherapie gesprochen. Elias soll wissen, warum mir die Haare ausfallen und warum ich mich zeitweilig sehr schlapp und müde fühle. Er soll verstehen, dass er keine Schuld an meinem Zustand hat und dass er nichts falsch gemacht hat.
Darüber hinaus versuche ich ihn mit den Worten zu beruhigen, dass im Moment kein Krankenhausaufenthalt geplant ist.

Wieder bin ich sehr überrascht, dass mein kleiner Sohn in der Lage ist, seine Gefühle in dieser Art und Weise zu verbalisieren. Er ist doch noch so jung.

09.08.08

Es ist die vierte Nacht nach meiner zweiten Chemo. Ich kann nicht schlafen. Die zweite Chemo hat mir mehr Nebenwirkungen beschert als die erste. Am Abend des ersten Tages nach der Chemo habe ich 39,1°C Fieber bekommen, welches sich aber Gott sei Dank schon nach zwei Tabletten Paracetamol wieder verabschiedet hat. Am zweiten und dritten Tag litt ich unter Kopfschmerzen und großer Müdigkeit und es fiel mir schwer, mich zu entscheiden, was ich essen könnte. Bereits am vierten Tag ging es wieder bergauf – aktuell plagen mich ein juckender Ausschlag auf der Kopfhaut und vor allem ein juckender und brennender Hautbezirk in der Nähe einer Narbe. Der Hauptgrund, warum ich aber nicht schlafen kann, bist Du, mein kleiner Liebling. Immer wieder gibt es Momente, in denen mich die Sorge um Dich fast innerlich zerreißt – und dies ist so ein Moment. Heute bekam ich ein Schreiben aus der Klinik mit einer kurzen Stellungnahme meines behandelnden Arztes. In einem Absatz heißt es dort: „Die 39jährige Patientin ist aufgrund des beidseitigen Mammakarzinoms als HOCH-RISIKOPATIENTIN einzustufen." Da wurde es mir wieder schwarz auf weiß vor Augen geführt. Noch ist alles offen. Keiner weiß, ob der Plan aufgeht und ich wirklich wieder ganz gesund werde. Die Vorstellung, dass ich mein derzeit einzig wichtiges Ziel nicht erreiche, geheilt zu werden, nimmt mir die Luft zum Atmen. *Was soll nur aus Dir werden, wenn ich es nicht schaffe?* Meine ganze Kraft, meine ganze Motivation ziehe ich aus Dir, mein geliebter Sohn. Wir haben eine so enge Beziehung zueinander.

Ich erinnere mich an den Moment Deiner Geburt. Als der Geburtsvorgang aufgrund eines Blasensprungs drei Wochen vor dem errechneten Geburtstermin durch Medikamente eingeleitet worden war, ging alles recht schnell. Innerhalb von wenigen Stunden hattest Du Dir Deinen Weg in unsere Welt gebahnt und warst wie ein kleiner Supermann mit dem Kopf und dem gestreckten Arm aus dem Geburtskanal herausgekommen. Der Moment, als Du dann so schutzlos und warm auf meinem Bauch lagst und mich mit Deinen kleinen Äugelein anblicktest, war der ergreifendste Augenblick meines Lebens.

Es folgten sehr anstrengende Monate und Jahre. Du schliefst fast bis zu Deinem zweiten Geburtstag keine Nacht durch und musstest bereits mit 10 Monaten ein Inhaliergerät bekommen, da Du eine Bronchitis nach der anderen hattest. Deine Lungenproblematik hat sich bis heute gehalten und macht uns immer wieder zu schaffen. Ich habe mich immer sehr intensiv um Dich gekümmert und besonders wenn Du krank bist, vertraust Du im Grunde nur auf mein Heilwissen. Mehrfach ist es vorgekommen, dass Du Dir einen Holzsplitter oder ähnliches in einen Finger oder den Fuß eingezogen hast. Wenn ich dann mit Dir zum Kinderarzt fahre, lässt Du Dich nicht von ihm behandeln und sagst nur: „Das darf nur meine Mama machen, die ist Krankenschwester und weiß, was zu tun ist." Du hast so ein Urvertrauen in mich. Ich habe Dich bisher nicht enttäuscht.

Wir sind über die Jahre so eng zusammengewachsen – Du möchtest Dich nur von mir duschen oder baden lassen, wenn Du abends ins Bett gehst, möchtest Du, dass ich Dir etwas vorsinge. Für dieses Abendritual gibt es keine Ersatzperson – Du sagst immer, ich sei am kuscheligsten. Wenn ich abends einmal nicht zu Hause bin oder Du bei meinen Eltern schläfst, was beides nur höchst selten vorkommt, gibt es immer Stress, wenn Du ohne mich einschlafen sollst. Ich finde diese Entwicklung nicht ganz so gut und steuere dem etwas entgegen.

Derzeit versuchst Du mir fast täglich eine Freude zu machen, indem Du mir ein Bild malst und dieses nach einer Schatzkarte für mich versteckst oder Du bereitest ein kleines Geschenk für mich im Kindergarten vor. Oft erhalte ich Liebeserklärungen von Dir.

Es ist für mich schwer vorstellbar, wie Du ohne mich weiterleben solltest. Ich erwischte mich einmal bei dem Gedanken, dass ich Dich, wenn ich gehen müsste, mit mir nehmen würde und war selbst erschrocken über mich. Niemals würde ich Dich Deines Lebens berauben, aber der Gedanke kam, weil ich es nicht ertragen könnte, wenn Du so sehr leiden müsstest. Meine Liebe zu Dir ist einzigartig. Niemand könnte Dir die Liebe, die ich für Dich empfinde, ersetzen.

Ich schreibe Dir diese Dinge ganz offen und ehrlich, damit Du weißt, dass ich Dich nicht leichtfertig im Stich gelassen habe, wenn es dazu kommen sollte. Ich kämpfe für Dich! Mein Hauptgrund, leben zu wollen, bist DU!

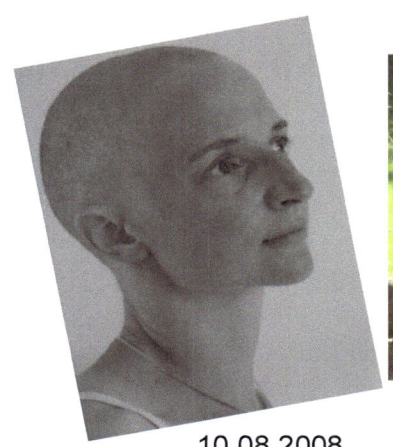

09.09.2008

10.08.2008

28.12.2008   12.04.2009   08.01.2009

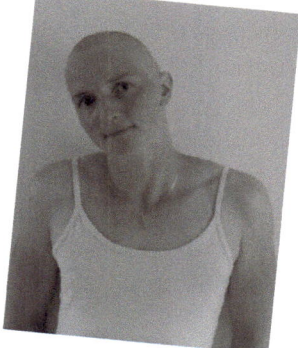

09.08.2008   10.08.2008

51

12.08.08

Als ich meinen Sohn heute Abend ins Bett bringe, wird er auf einmal ganz traurig und weinerlich und fragt mich: „Müssen Menschen auch irgendwann einmal sterben?" Ich bin sehr überrascht und möchte von ihm wissen, wie er auf diese Frage kommt und was er darüber gehört hat. Er berichtet, dass er im Kindergarten ein Buch gesehen habe, in dem Dinosaurier besprochen wurden und diese seien ja auch irgendwann gestorben. Aufgrund dieser Information stellt er nun diese Frage an mich. Ich fühle mich zunächst etwas hilflos und weiß nicht, was ich ihm antworten soll. Auf der einen Seite sehe ich es als Möglichkeit an, ihn auf den Ernstfall mit mir vorzubereiten, auf der anderen Seite wirkt er gerade völlig verzweifelt. Ich erkläre ihm, dass wir Menschen auch irgendwann einmal sterben müssen, aber dass für uns im Normalfall ganz viel Zeit auf der Erde vorgesehen ist. Ergänzend sage ich ihm aber auch, dass es passieren kann, dass Menschen durch zum Beispiel Unfälle oder Krankheiten früher sterben als eigentlich gedacht und dass der liebe Gott sie dann im Himmel aufnimmt.
Ich versuche ihn zu beruhigen, indem ich ihm erzähle, dass es den Menschen im Himmel gut geht und dass zum Beispiel erkrankte Menschen, die vorab Schmerzen hatten, sich im Himmel wieder wohl fühlen. Im Hinterkopf habe ich dabei immer, dass ich ihm im schlimmsten Fall auch so meine Erlösung erklären könnte.

Abschließend fragt mich Elias, wie Gott aussieht und ich bitte ihn, Gott zu beschreiben, wie er ihn sich vorstellt. Ich schlage ihm vor, morgen ein Bild von Gott und den Menschen zu malen, mit denen er im Himmel lebt und bemerke, dass er sich im Verlauf unseres Gespräches wieder beruhigt hat.

Eigentlich habe ich keinen Bezug zur Kirche und kann auch nicht von mir sagen, dass mich der Glaube an Gott stärkt, aber ich wollte Elias einen gedanklichen Weg eröffnen, der es ihm möglich macht, mit dem Tod von Menschen besser umgehen zu können. Mir schnürt es fast den Hals zu, wenn ich darüber nachdenke, dass ich, wenn es mit mir keinen guten Verlauf nimmt, diese Thematik weiter vertiefen werde, um ihn auf meinen Tod vorzubereiten.

16.08.08
Der Hautausschlag auf meinem Kopf ist durch die Kortisonsalbe deutlich zurückgegangen, aber noch nicht vollständig abgeheilt. Darüber hinaus habe ich aber keine „Nachwehen" von der zweiten Chemo mehr. Ich kann wieder längere, zügige Spaziergänge machen und bin aktuell nur durch den Anflug einer Erkältung etwas gehandicapt.

18.08.08.
Heute beginne ich den Tag mit einem Waldspaziergang. Es regnet leicht. Die Regentropfen scheinen eine seichte Melodie auf dem Blätterdach des Waldes zu spielen. Ich wandere vor mich hin und lasse die Stimmung auf mich wirken. Nach und nach breitet sich die Zuversicht in mir aus, dass alles ein gutes Ende nehmen wird. Im weiteren Verlauf des Spaziergangs lässt der Regen nach und die Sonne sucht sich ihren Weg durch die Blätter und Zweige der Bäume. Die Sonne erwärmte meine Haut - *ja, alles wird gut!*
Leise singend mache ich mich auf den Nachhauseweg.

20.08.08
Ich mache mir Sorgen um meinen Sohn. Seine Lunge zeigt sich seit meiner Entlassung aus dem Krankenhaus im Juni und seiner direkt darauffolgenden leichten Lungenentzündung sehr instabil. Noch nie mussten wir ihm über einen so langen Zeitraum mit einer derart hohen Medikamentendosis versorgen – und er ist dennoch nicht beschwerdefrei. Wenn er tobt oder

schnell läuft wird er kurzatmig und wenn er hustet höre ich, dass die Lunge stark verengt ist. Ich bin mit meinem Latein am Ende und habe wieder Kontakt zu einer Homöopathin aufgenommen, die ihre Praxis leider ca. 50 km entfernt von unserem Wohnort hat und die wir etwa vor einem Jahr mehrfach konsultiert hatten, bevor wir umgezogen sind. Für wiederholte, kurzfristige Besuche ist diese Entfernung zu weit. Eine andere Ärztin für Homöopathie in der Nähe hat uns auf ihre Warteliste gesetzt. Es kann drei Monate dauern, bis wir einen Termin bekommen. Das letzte homöopathische Mittel, welches uns die Ärztin empfohlen hat, hat keine Wirkung gezeigt. Ich habe die Vermutung, dass sich Elias Grundkonstitution aufgrund der Belastung durch meine Erkrankung verändert hat, weshalb sein Konstitutionsmittel nicht mehr ausreichend wirkt. Seit Tagen isst er nicht mehr richtig und die Erzieherin im Kindergarten hat angedeutet, dass sie bei Elias die Ruhe vermisst, mit der er früher Dinge zu Ende gebracht hat. Sie empfindet ihn jetzt eher als etwas fahrig. Diese Unruhe zeigt sich bisher zu Hause nicht. Vielleicht sind es im Kindergarten die Sorgen, die er unterschwellig meinetwegen hat, die ihn nicht zur Ruhe kommen lassen. Wenn er bei mir zu Hause ist, kann er unmittelbar sehen, wie es mir geht und findet darüber wieder seine Gelassenheit.

Ich frage mich, wie wir den Herbst und Winter überstehen sollen, wenn er schon im Sommer gesundheitlich so schlecht dran ist.

22.08.08

Meine Erkältung ist fast vollständig ausgeheilt. Die dritte Chemo kann in vier Tagen kommen.

Ich habe heute telefonisch Kontakt zu zwei Frauen aus Selbsthilfegruppen von betroffenen Frauen mit Brustkrebs aufgenommen. Meines Erachtens wird es mir gut tun, mich einmal mit Frauen zu unterhalten, die ähnliches durchgemacht haben, wie ich. Es ist immer wieder interessant zu hören, wie andere Frauen mit der Erkrankung umgehen und was sie erlebt haben. Niemand, der nicht selbst einmal betroffen war, kann sich wirklich in mich hineinversetzen und nachfühlen, wie es mir geht. Mir fällt wieder auf, wie sehr sich die einzelnen Schicksale und Krankengeschichten doch voneinander unterscheiden. Keine betroffene Frau, keine Erkrankung gleicht der anderen. Ich werde versuchen, an dem nächsten Treffen der einen Selbsthilfegruppe teilzunehmen.

Als ich Elias heute Abend ins Bett bringe, fragt er mich kurz vor dem Einschlafen, ob er mich heiraten könne. Ich entgegne, dass ich doch schon verheiratet bin und er antwortet: „Ist doch egal, wir können doch trotzdem heiraten." Ich vertröste ihn auf morgen und sage ihm, dass wir dann alles weitere besprechen können.

25.08.08

Morgen bekomme ich meine dritte Chemo. Ich war bereits heute im Klinikum, um meine Blutwerte überprüfen zu lassen und habe mir meine „Klebemöpse" abgeholt (im Fachjargon: Haftprothesen). Es ist einfach toll, was es heutzutage an Hilfsmitteln alles gibt. Schon die Silikonprothesen, die ich im Rahmen der Erstversorgung bekommen hatte, haben mir über den ersten Schreck sehr hinweg geholfen. Sie werden in einen BH mit kleinen Innentaschen eingelegt und können quasi nicht verrutschen. Der Unterschied zu den Haftprothesen besteht aber darin, dass diese Prothesen natürlich vom Körper abfallen, wenn man sich mit dem Oberkörper nach vorne beugt, was bei den Haftprothesen nicht passieren kann, da diese direkt auf der Haut haften. Ich bin so dankbar, dass es so etwas gibt und dass auf die Psyche der Frauen verstärkt Rücksicht genommen wird. Wenn ich die Prothesen trage, kann auf der Straße niemand sehen, dass ich keine eigenen Brüste mehr habe.

Auch mit meiner Perücke bin ich super zufrieden. Heute hat mir die Krankenschwester im Klinikum gesagt, sie sei ein richtiger „Hingucker". Ich wurde derzeit einfach sehr gut beraten und war in einem professionellen Geschäft, was ich jeder Frau nur empfehlen kann. Mehrfach wurde mir bereits bestätigt, dass man wirklich nicht sehen kann, dass ich eine Perücke auf dem Kopf trage. Nun habe ich dieses Gefühl auch schon verinnerlicht und wenn mich ein Passant auf der Straße ansieht, dann denke ich nicht: *Oh Gott, der sieht, dass ich eine Perücke trage.* sondern ich denke mit positivem Selbstwertgefühl: *Der findet, dass ich gut aussehe.*
Diese optimistische Denkweise vereinfacht das Leben schon sehr.
Selbstverständlich frage ich mich auch manchmal, was die Leute denken, wenn ich mit meinen Tüchern unterwegs bin und alles offensichtlicher erscheint. Dann sage ich mir wieder: *Lass sie doch mutmaßen, was sie wollen – wissen kann es keiner, was sich darunter verbirgt oder eben auch nicht verbirgt!*

Heute Nachmittag war ich mit Elias noch einmal beim Kinderarzt. Auch er war mit Elias Lunge nicht zufrieden. Um Entlastung zu verschaffen, möchte er, dass ich Elias Kortisonzäpfchen und ein Antibiotikum gebe. Ich bin nicht direkt dafür, da er eigentlich keinen akuten Infekt hat, dieser aber sicher spätestens im Herbst kommt und wir wieder schwere Geschütze werden auffahren müssen. Ich habe Elias daraufhin selbst noch einmal mit einem Stethoskop zu Hause abgehört und nun auch mitbekommen, wie spastisch die Lunge tatsächlich ist. Dennoch werde ich ihm für ca. drei Tage vorerst mit anderen homöopathischen Mitteln behandeln und dann erst entscheiden, ob zu „härteren Waffen" gegriffen wird.

Auch ich fühle mich seit Tagen belastet. Ich habe bemerkt, dass meine Haare wieder wachsen bzw. meine Stoppeln nicht ganz ausgehen. Nun kann man sich sicher fragen, warum mir das nicht gefällt. Der komplette Haarverlust wird als unumgängliche Nebenwirkung des Medikaments beschrieben, welches ich bekomme. Die Chemo greift nämlich alle sich schnell teilenden Zellen an und beschränkt sich nicht nur auf die Tumorzellen. Auch z.B. Haar- und Blutzellen teilen sich schnell, weshalb diese durch die Chemo mit zunichte gemacht werden. Ich mache mir nun große Sorgen, dass, wenn schon die Haarzellen der Chemo widerstehen können, auch die Krebszellen nicht abgetötet werden. Diese Gedanken machen mich fast wahnsinnig und es wird das erste sein, was ich morgen mit dem Chefarzt der Onkologie bespreche. Ich bin gespannt, was er dazu sagt.

27.08.08
Die dritte Chemo ist geschafft. Bisher habe ich diese gut vertragen. Ich fühle mich heute wieder etwas müde und dumpf im Kopf, aber darüber hinaus geht es mir ganz gut.

Das gestrige Gespräch mit dem Arzt konnte meine großen Sorgen etwas zerstreuen. Er sagte, dass das Ausmaß der Nebenwirkungen keine Rückschlüsse auf die Wirkung der Chemo gegen den Tumor zulasse. Er habe viele Frauen gesehen, bei denen die Haare komplett ausgegangen seien, aber auch wie-

derum andere, bei denen es so verlaufen wäre, wie bei mir.
Bestätigt wurde dies zusätzlich über einen Absatz aus dem
Buch „Brustkrebs – Wissen gegen Angst" von Lilo Berg,
welches auf viele Fragen rund um den Brustkrebs umfassende
Antworten liefert. Ich kann dieses Buch betroffenen Frauen
sehr empfehlen. Auch in diesem Buch heißt es, dass die Stärke
der Beschwerden durch Nebenwirkungen nichts über die
Wirksamkeit der Chemotherapie aussage. Ich habe es gestern
noch einmal zur Hand genommen, um die Meinung des Arztes
zu belegen. Nun geht es mir wieder besser.

Am Abend fahre ich mit Elias zu einer Heilpraktikerin. Ich
wünsche mir so sehr, dass wir um die schweren Medikamente
herumkommen. Sie heilt unter anderem auf der geistigen
Ebene und bemerkt das starke Band, welches Elias und mich
verbindet.
Als wir bei ihr auf dem Sofa sitzen, macht mich Elias auf ein
Bild an der Wand aufmerksam, welches er sehr schön findet. Es
ist ein Bild des Künstlers Werner Sahm und zeigt im
Vordergrund ein dunkles Tal, in dem Bäume stehen und im
Hintergrund eine Treppe, an deren Ende gleißendes Licht
einfällt und die Treppe erhellt. Ich bin ebenfalls von dem Bild
sehr beeindruckt – für mich trägt es die Information, dass es
auch, wenn wir im Dunkeln stehen, immer einen Weg geben
wird, der uns ins Licht führt. Besonders beeindruckt bin ich
aber von der Tatsache, dass Elias das Bild so gut gefallen hat.
Es zeigt keinerlei kindliche Motive. Ich plane, das Bild für uns
zu Hause zu besorgen.

30.08.08

Ich bin wieder über den Berg. Im Grunde habe ich die dritte Chemo ähnlich gut vertragen wie die erste. Erfreulicherweise haben sich diesmal kein Fieber und auch kein Hautausschlag auf dem Kopf entwickelt, wie es noch bei der zweiten Chemo der Fall war. Es zeichnet sich ab, dass ich, wenn ich dienstags die Chemo bekomme, am Donnerstag und Freitag durch eine massive Erschöpfung aus dem Verkehr gezogen bin. Es ist eine Erschöpfung, als drücke mich eine große, flache Hand auf die Matratze meines Bettes, die verhindert, dass ich mich aufrichten kann. Ich schlafe viele Stunden. Was ich Essen und Trinken möchte, muss ich mir gut überlegen, da mir von einigen Dingen übel wird. Hervorragend hat es diesmal mit Pfefferminztee mit Honig und einer Rinderkraftsuppe geklappt, die ich vorab bereits zubereitet hatte. Dennoch benötigte ich bisher keine Medikamente gegen Übelkeit.

Heute konnte ich dann schon wieder im Haus sehr viel aktiver sein als an den beiden Vortagen und benötigte kaum Pausen. Ich bin sehr zufrieden mit dem Verlauf, da ich denke, dass es sicher Frauen gibt, denen es nicht ganz so gut nach einer Chemotherapie geht wie mir.

Dennoch fühlt es sich so an, als würde ich nach jeder Chemo-therapie am Fuße eines Berges liegen, mich mühsam aufrichten und beginnen, den Berg zu besteigen. Tag für Tag, Schritt für Schritt erklimme ich den Berg und gewinne mehr Kondition. Dann, kurz vor dem Erreichen des Gipfels, kommt der nächste Termin für eine weitere Behandlung – ich werde den Abhang heruntergeschubst und der Kraftakt beginnt von neuem. Ein bisschen mühsam ist es schon und zeitweise fällt es schwer, den Optimismus nicht zu verlieren.

31.08.08
Die Kondition am Berg steigt langsam wieder an – ich bin
heute mit meinen beiden Männern im Wald spaziert. Kein
Gewaltmarsch, aber immerhin.

01.09.08
Die letzte Nacht war ein Alptraum. Bereits beim Zubettgehen
kündigte sich eine schlaflose Nacht an. Ich war nicht richtig
müde oder konnte mich zumindest nicht soweit entspannen,
dass ich einschlafen konnte. Die Gedanken begannen zu ro-
tieren. Ich kann es nicht verstehen, wie sich Frauen damit
zufrieden geben können, ihr Glück in der Gegenwart zu erleben. Ich habe von krebserkrankten Menschen gehört, die
sagen, dass ihr Leben seit der Diagnose KREBS glücklicher sei
als vorher, da sie bewusster lebten. Auch ich lebe jetzt bewusster, aber ich kann doch nicht glücklich sein, wenn ich
bemerke, wie schön mein Leben ist und ich nicht weiß, wie
lange ich dieses noch leben darf. Vielleicht bin ich zu gierig,
um mich damit abzufinden, dass es jetzt schöne Momente in
meinem Leben gibt. Ich bin unglücklich darüber, dass mein
Erleben immer wieder von der Frage überschattet wird, wie oft
ich dies oder jenes noch sehen oder erfahren darf. Die
Unbeschwertheit des Lebens ist gegangen.
Immer wieder muss ich meine Gedanken zurechtrücken. Es ist
wie bei einem bewölkten Himmel, bei dem ich es schaffe, mit
jedem positiven Gedanken eine Wolke zur Seite zu schieben,
sodass die Sonne nach und nach unverdeckt am Himmel
strahlt.
*Der Krebs ist ja im Grunde gar nicht mehr in Deinem Körper,
denn er ist komplett im Gesunden entfernt worden. Die
Chemotherapie ist nur eine Vorsorgemaßnahme. Alles wird
gut! Im Grunde kannst Du schon sagen – „Ich hatte
Brustkrebs." und Du brauchst nicht mehr zu sagen: „Ich habe
Brustkrebs." –* derartige Gedanken sorgen in meinem Gemüt

für blauen Himmel. Doch die Momente, in denen die Sonne wolkenlos am Himmel strahlt sind derzeit einfach extrem kurz, denn mit voller Macht kommen Gedanken wie: *Was ist, wenn es nicht klappen sollte, wenn sich der Krebs immer weiter in Deinem Körper ausbreitet und Du den Kampf verlierst? Es ist ein sehr aggressiver Tumor. Du bist jung und die Teilungsrate der Zellen somit sehr hoch. Der Chefarzt sah Deinen Befund sehr kritisch.* Sonnenfinsternis.
Es ist sehr mühsam, die Wolkendecke gering zu halten.

So lag ich in der letzten Nacht im Bett und immer mehr Wolken bezogen den Himmel. Ich bemerkte eine Stelle im linken Bauch, die sich anders anfühlte als sonst. *Habe ich jetzt vielleicht doch schon Metastasen?* - eine dicke schwarze Wolke verdunkelt die Sonne.

Was soll nur aus Elias werden? Seine Lunge ist weiterhin so instabil. Ich bemerke, wie warm meine Hände werden und denke: *Vielleicht kann ich ihn mit meinen Händen heilen?* Leise schleiche ich mich in sein Zimmer und lege ihm meine Hände auf den Rücken. Er schläft sehr unruhig und ich versuche, ihm heilende Energien zu schicken. Ich möchte ihm so gerne helfen. Mir wird klar, dass ich mich schuldig fühle, dass es ihm gesundheitlich derzeit so schlecht geht. Ich bin verzweifelt darüber, dass dieser kleine Mensch durch mich gerade keine unbeschwerte Kindheit mehr erleben darf und so leiden muss. Natürlich weiß ich, dass ich nicht mit Absicht krank geworden bin und ihn belaste, aber dennoch fühle ich mich schuldig.

Tausend Gedanken gehen mir durch den Kopf und ich überlege mir, der ambulanten Onkologie zum Abschied nach meiner letzten Chemo das Sahm-Bild zu spenden, als Anregung für

Verbesserung der Atmosphäre und als Mutmacher für andere Betroffene.

So vergeht eine Stunde nach der anderen und ich kann nicht schlafen. Ich bemerke immer wieder, dass Elias unruhig schläft. Gegen halb vier höre ich ihn leise wimmernd „Mama, Mama" rufen und laufe schnell zu ihm. Da sitzt der Kleine mit verweintem Gesicht im Bett und sagt, er habe Angst. Es zerbricht mir das Herz. Wie oft habe ich Elias gesagt, dass er mich immer rufen kann, wenn ihm etwas weh tut oder er Angst hat, nur gestern hatte ich ihm beim Zubettgehen gesagt, er solle mich endlich mal schlafen lassen und nicht, wie fast jede Nacht, wecken. Er hat dies wörtlich genommen und versuchte mich nun wirklich schlafen zu lassen, obwohl er Angst hatte und dazu noch Fieber. Es tut mir so schrecklich leid und ich fühle mich wie eine Rabenmutter. Ich gebe ihm ein Fieberzäpfchen und nehme ihn mit ins Ehebett. Er kann nicht schlafen, ihm tut alles weh und er will nicht liegenbleiben. Etwa eine Stunde lang schaukele ich ihn dann auf meinem Schoß im Schaukelstuhl und singe ihm seine Schlaflieder „Der Mond ist aufgegangen", „Weißt Du, wie viel Sternlein stehen" und „La le lu" vor. Kurz bevor er einschläft sagte er im Dunkeln: „Mama, ich habe mich in Dich verliebt." *Mein kleiner Engel.*

02.09.08

Obwohl das Fieber von Elias nicht so hoch war, bin ich durch die Nacht und die Sorgen, die ich mir um ihn mache, mit meiner Kraft am Ende. Nach langem Hin- und Her entscheiden mein Mann und ich, Elias nun doch die starken Medikamente zu geben. Ich kann die Belastung nicht mehr aushalten und darüber hinaus ist die Gefahr, dass ich mich durch den Rückgang meiner Leukozyten (= weiße Blutkörperchen, die Infekte im Körper bekämpfen) bei ihm anstecke, einfach zu groß. Die Entscheidung fällt mir schwer, es gibt immer noch die Möglichkeit, dass es sich bei dem Fieber heute Nacht um eine Erstverschlimmerung nach der Gabe eines homöopathischen Mittels gehandelt hat. Ich habe nicht mehr die Energie, es mehrere Tage laufen zu lassen.

Bereits nach der ersten Antibiotikumgabe geht es Elias besser. Das Fieber ist fort.

Ich gehe nachmittags stramm eine Stunde im Wald walken, um meine Anspannung los zu werden. Zwischenzeitlich schnüren mir die Gedanken den Hals zu – es ist einfach zu viel.

Abends geht es mir dann wieder etwas besser. Nicht zuletzt hilft mir das Schreiben dieses Buches, meine Gefühle und Gedanken zu verarbeiten.

03.09.08

Am heutigen Abend mache ich eine ganz neue Erfahrung. Ich gehe zu einer Selbsthilfegruppe für krebserkrankte Frauen. Etwas mulmig ist mir schon zumute, da ich dort niemanden kenne und ich nicht weiß, inwiefern ich bereit bin, mich vor fremden Personen zu öffnen oder mir andere Schicksale anzuhören. Ich treffe extra früh ein, um vorerst noch mit der Organisatorin einige Worte zu wechseln und um mich zu akklimatisieren. Nach und nach kommen bis zu 12 Frauen – zwei davon im Rollstuhl.

Mein Augenmerk richtet sich vor allem auf das Alter der Frauen – enttäuscht stelle ich fest, dass alle älter sind als ich. Von der Leiterin weiß ich, dass auch etwas Jüngere in der Gruppe sind, aber heute sind diese nicht anwesend. Die meisten Frauen sind zwischen 50-70 Jahre alt – nur eine der Rollstuhlfahrerinnen ist erst 43 Jahre. Bei einer Vorstellungsrunde stellt sich heraus, dass die Frauen überwiegend auch erst um die 50 Jahre alt waren, als sie an Brustkrebs erkrankten und dass die Erkrankung bei den meisten vor ca. 5-6 Jahre aufgetreten ist. Ich fühlte mich so fremd und denke: *Die sind ja alle viel älter als ich und nicht auf meiner Wellenlänge – da gehe ich wohl nicht wieder hin.*

Die meisten Frauen kennen sich schon seit Jahren. Mich wundert es ein bisschen, dass sie immer noch zu dieser Selbsthilfegruppe gehen, obwohl sie doch schon so viele Jahre gesund sind. Ich bin die zweite Person, die sich vorstellen soll. Mit wenigen Worten erzähle ich unter Tränen meinen bisher noch recht kurzen aber heftigen Leidensweg. Während meiner Schilderung ergreift meine Sitznachbarin, mit der ich noch nicht ein Wort gewechselt habe und deren Name ich nicht kenne, meine Hand. So etwas ist mir noch nie passiert. Im weiteren Verlauf des Abends zeigen sich viele der Frauen interessiert an meiner Person und es entsteht ein reger Gesprächsaustausch.

Eine Betroffene beginnt ihre Vorstellung, indem sie schildert, dass sie vor 5 Jahren an Brustkrebs erkrankt sei und dem Krebs derzeit den Kampf angesagt hatte. So wie sie ihren Umgang mit ihrer Krankheit beschreibt, erinnert es mich sehr an mich selbst. Sie beendet ihre Ausführung damit zu erzählen, dass sie aktuell unter sehr starken psychischen Problemen leide. Ich denke in diesem Moment nur: *Mein Gott, sie hat allen Grund glücklich zu sein – sie hat seit fünf Jahren keinen Rückfall bekommen und ist voraussichtlich geheilt.*

Zu späterer Stunde nutze ich die Gelegenheit, ihr meine Sichtweise darzustellen. Es würde mich freuen, wenn sich ihr Blickwinkel dadurch etwas geändert hat.

Die jüngere Frau im Rollstuhl kommt aus Zeitgründen nicht mehr zu Wort. Am Rande bekomme ich mit, dass sie mit 40 Jahren an Brustkrebs erkrankte und nun im ganzen Körper Metastasen vorhanden sind. Mehr Informationen habe ich nicht. Mir fällt es schwer, mich von diesem Schicksal zu distanzieren, da sie die einzige Frau dieser Runde ist, die so jung erkrankt ist wie ich. Mühsam muss ich meine negativen Gedanken wieder beiseite schieben und für einen wolkenlosen Himmel sorgen, indem ich mir sage, dass es nicht automatisch heißt, dass mein Verlauf ihrem ähneln muss. Das ist harte Arbeit.

Im Verlauf des Abends ergeben sich Gespräche mit mehreren Frauen, die mir zum Teil noch interessante Informationen liefern. Je später die Zeit, desto wohler fühle ich mich.

Mir bleibt vor allem eines in Erinnerung – die zugewandte Art aller Frauen und das Gefühl, dass wir alle viel mehr miteinander gemeinsam haben, als man auf den ersten Blick denken würde. Diese Frauen haben alle die gleiche Angst wie ich durchgemacht oder haben noch immer Angst einen Rückfall zu erleiden.

Ich möchte die Erfahrung des heutigen Abends nicht missen und plane, mich im nächsten Monat wieder auf den Weg zur der Selbsthilfegruppe zu machen.

09.09.08
Die Tage vergehen wie im Fluge. Oft muss ich vormittags, wenn mein Mann Elias in den Kindergarten gebracht hat, noch schlafen. Ich leide nachts unter Schlafstörungen und zusätzlich weckt mich mein Sohn jede Nacht wenigstens einmal, da er schlecht träumt. Häufig schlafe ich, auch ohne Störung durch Elias, nur zwei bis drei Stunden am Stück.
Ich denke, dass im Unterbewusstsein Ängste schlummern, die mir diese Unruhe bescheren.
Am Freitag habe ich mein erstes Gespräch mit einem Psychoonkologen. Er war mir von drei Frauen aus der Selbsthilfegruppe empfohlen worden. Ich freue mich darüber, Unterstützung zu bekommen.

Ansonsten geht es mir ganz gut. Ich hatte in den letzten Tagen wieder eine leichte Erkältung, die sich nun aber, mit dem Anstieg der weißen Blutkörperchen, auf dem Rückzug befindet.

Die Länge meiner Spazier- bzw. Walkingstrecken passe ich meiner körperlichen Verfassung an.

Mit Elias sind wir in den letzten Tagen ein ganzes Stück weitergekommen, was seine Angst betrifft, alleine einschlafen zu müssen. Es hatte mich zum Schluss wirklich genervt, dass ich zum Teil abends 30-45 Minuten lang neben ihm im Bett liegen musste, bis er eingeschlafen war. Vor einigen Tagen fragte ich ihn, was er sich wünschen würde, wenn er es schaffe an vier Abenden alleine im Bett einzuschlafen. Er wünschte sich ein ferngesteuertes Auto. Wir besprachen den Ablauf des abge-wandelten Rituals. Am ersten Abend schlief er schon ein, als ich noch neben ihm lag und seine Schlaflieder sang. Ab dem zweiten Abend schaffte er es doch tatsächlich, alleine in den Schlaf zu finden. Wir hatten dann noch eine anstrengende Nacht, in der er über eine Stunde lang wach in seinem Bett lag und mich immer zwischendurch wieder rief, aber ansonsten klappte es überraschenderweise erstaunlich gut.

Ich bin sehr glücklich über den Verlauf und hoffe, dass er mich langfristig auch in der Nacht nicht mehr ständig weckt.

10.09.08

Immer wieder beschäftigt mich die Frage, wie ich eine Rehabilitationsmaßnahme für mich realisieren kann. Ich denke, dass ich eine dreiwöchige Kur im Anschluss an die Strahlentherapie dringend benötige, habe aber große Sorgen, Elias über so einen langen Zeitraum alleine zu lassen. *Was bringt mir eine Rehabilitationsmaßnahme, wenn er dann wieder ganz unglücklich ist oder womöglich noch ernsthaft erkrankt?* Wenn ich ihn mitnehmen würde, wäre es jedoch für mich keine Erholung.

Wir waren im April 2007 zu zweit für drei Wochen in Küh-
lungsborn zur Kur. Elias ließ sich nicht in der Kinderbetreuung
abgeben und so kam es, dass ich mich die ganze Zeit selbst um
ihn gekümmert habe. Seiner Lunge ging es nach zwei Wochen
besser, dann infizierte er sich erneut und ich nahm ihn nach
drei Wochen hustend mit nach Hause. Während des Aufenthaltes bekam er Heimweh.
Im Grunde bekommt Elias immer Heimweh, wenn wir für
längere Zeit verreisen. Sogar in unserem diesjährigen Sommer-
urlaub in Dänemark war es so, obwohl alle Menschen, an die er
emotional eng gebunden ist, dabei waren.

Ich habe das Gefühl, egal, wie ich mich entscheide, ich kann
nur verlieren.

11.09.08
Ich habe noch immer Stoppeln auf dem Kopf, aber meine
Augenbrauen und Wimpern dünnen langsam aus. Wenn ich
Pech habe, stehe ich bald auch noch ohne diese
„Gesichtsbehaarung" da. Das würde mir den Kontakt mit
Fremden erschweren, weil ich dann das Gefühl hätte, dass mir
der Satz: „Ja, ich habe Krebs." auf die Stirn tätowiert ist. Wenn
ich jetzt mit der Perücke auf die Straße gehe, glaube ich daran,
dass es im Grunde keiner sieht, dass es nicht meine eigenen
Haare sind. Wenn mir aber die Augenbrauen und Wimpern
fehlen würden, wäre dies sehr offensichtlich und nicht zu
kaschieren. Darüber hinaus kann ich mich dann nicht mehr so
schön schminken. Ich bin über die Entwicklung nicht begeistert, denke aber, dass mich dies auch nicht mehr vom Sockel
haut. Man entwickelt über die Zeit eine gewisse Gelassenheit
gegenüber der eigenen körperlichen Veränderung und bewertet
diese, da vieles nur vorübergehend ist, moderat. Es gibt einfach
wichtigere Dinge im Leben.

Um mir etwas Gutes zu tun, habe ich mich für einen viermaligen Kurs „Qi Gong" bei der Volkshochschule angemeldet. Ich freue mich sehr darauf, zumal ich in den letzten Jahren viel zu wenig Zeit hatte, etwas nur für mich zu tun. Der Kurs trägt den Zusatz „Für Frauen mit oder ohne Behinderung" – da bin ich ja genau die Richtige. Auch ich werde in Kürze meinen Schwerbehindertenstatus beantragen, der jeder Frau mit Brustkrebs, auch wenn sie brusterhaltend operiert wurde, zu mindestens 50 % für fünf Jahre zusteht.

12.09.08
Heute habe ich einen Marathon mit drei Terminen im Krankenhaus vor mir.
Zunächst habe ich einen Hautarzttermin. Ich werde eine Hautscreening zur Krebsvorsorge machen lassen, da ich sehr viele Muttermale habe und bereits früher mehrfach Leberflecke entfernen lassen musste, weil diese verdächtig aussahen. Seit mehreren Jahren lasse ich aus diesem Grund einmal jährlich ein Screening durchführen. Mir ist bei dem Gedanken, dass der Hautarzt nun vielleicht auch noch ein verdächtiges Muttermal entdecken könnte, ganz schlecht.

Gott sei Dank findet der Arzt keine auffällige Hautveränderung. Dennoch soll ich in einem halben Jahr wiederkommen. Der zweite Termin ist bei dem Arzt, der mich operiert hat. Es ist ein kombinierter Termin zur „normalen" gynäkologischen Krebsvorsorge und dem ersten Nachsorgetermin drei Monate nach der OP. Auch hier fühle ich mich nicht wohl, da ich Angst habe, dass der Arzt etwas Auffälliges findet. Nach einem längeren Gespräch macht er eine Ultraschalluntersuchung der Brustwände und Achselhöhlen. In der rechten Achselhöhle entdeckt er einen Lymphknoten, den er im Bild festhält. Er tut nicht besorgt, sagt aber, dass er sich diesen in drei Monaten nochmals anschauen möchte. So etwas will ich gar nicht hören.

Ich merke, dass ich zunehmend beunruhigter werde, will aber nicht hysterisch reagieren und frage daher nicht mehr gezielt nach. Sicher wäre es für mich besser gewesen, wenn ich dies noch gemacht hätte, denn nun frage ich mich ständig, woher der Lymphknoten kommt und was im schlimmsten Fall daraus werden kann. Es macht mich wahnsinnig! Um Sicherheit zu bekommen habe ich einen Krebsinformationsdienst im Internet angemailt und warte noch auch eine Antwort (http://www.krebsinformationsdienst.de/). Sollte mich diese auch nicht beruhigen, werde ich den Arzt wohl nochmals anrufen müssen – drei Monate Unsicherheit halte ich nicht aus.

Der dritte Termin ist ein Gespräch mit einem Psychoonkologen der Klinik. Er ist ein sehr angenehmer Therapeut, der mir von drei Frauen der Selbsthilfegruppe empfohlen worden ist. Ich bin froh, dass ich bei ihm so kurzfristig einen Termin bekommen habe. Bei den ortsansässigen Therapeuten hat man ein halbes bis ein Jahr Wartezeit – für Krebspatienten ein völlig inakzeptabler Zeitraum. Der Therapeut macht mir Hoffnung, dass ich durch die Therapie meine Ängste etwas abbauen kann und entspannter werde. Ich gehe gerne zu dem nächsten Termin wieder hin.

Morgen ist der Tag der vierten Chemotherapie. Ich bin mir noch nicht sicher, ob diese wirklich verabreicht wird, da ich ziemlich erkältet bin. Sollte ich die Medikamente dennoch bekommen, hoffe ich sehr, dass sie mich nicht zu sehr umhauen.

Elias geht es derzeit wieder besser. Er schläft tatsächlich jeden Abend alleine ein und hat mich, seitdem ich eine Alptraumabsauganlage aus einem Schuhkarton mit ihm gebaut habe, nachts nicht mehr geweckt. Er schläft abends früher ein (da er ja nicht mehr aufpassen muss, ob wir das Zimmer verlassen) und wird morgens etwas später wach. Ich bin einfach nur begeistert.

Gestern hat er mich gefragt, ob es denn überhaupt geht, dass wir noch heiraten, da ich ja schon mit seinem Papa verheiratet bin. Ich sagte ihm, dass dies schon nicht so einfach sei. Sein Vorschlag war daraufhin, dass ich den Ring, den ich bei der Hochzeit mit meinem Mann bekommen habe, einfach behalte und einen anderen meiner Ringe für die Hochzeit mit ihm verwende. Es ist manchmal einfach so niedlich, worüber er sich Gedanken macht.

Elias Appetit hat sich mittlerweile normalisiert und auch im Kindergarten ist er, laut Erzieherinnen, wieder entspannter geworden. Diese Entwicklung erleichtert mich sehr.

18.09.08
Die Antwortmail des Krebsinformationsdienstes ist da. Mich beeindruckt die individuelle und intensive Beantwortung meiner Anfrage. Im Antwortschreiben steht jedoch schwarz auf weiß das, was ich im Grunde schon geahnt habe, aber gerne widerlegt bekommen hätte. Hier heißt es:

„Wenn nach einer Krebserkrankung ein vergrößerter Lymphknoten festgestellt wird, steht meist die Frage im Raum, ob dies im Zusammenhang mit der Erkrankung zu sehen ist und der betreffende Lymphknoten eventuell von Tumorzellen befallen sein könnte. Ganz allgemein können Lymphknotenvergrößerungen – auch bei Krebspatienten und – patientinnen - unterschiedliche Ursachen haben und z.B. auch als Reaktion auf die Behandlung geschwollen sein. Welche Ursache am wahrscheinlichsten ist, muss mit den behandelnden Ärzten besprochen werden, die den genauen Befund und den bisherigen Verlauf der Erkrankung und der Behandlung genau kennen."

Ich bekomme das Angebot, mich nochmals telefonisch zu melden. Mitarbeiter des Krebsinformationsdienstes können täglich kostenfrei von 8-20 Uhr unter der Telefonnummer 0800 420 30 40 angerufen werden und beantworten Fragen zu krebsbezogenen Themen. Es ist schön, dass es so eine Hilfe für Krebspatienten gibt.

Im Nachhinein wird mir klar, dass das Antwortschreiben nicht anders hätte ausfallen können. Ich entscheide mich dafür, eine andere Ursache als einen „Befall von Tumorzellen" für meine Lymphknotenschwellung verantwortlich zu machen. Vor dem Beginn der Bestrahlungen werde ich das Thema aber auf jeden Fall nochmals im Krankenhaus aufgreifen und zu einer Kontrolle drängen.

20.09.08
Die vierte Chemotherapie ist ohne besondere Vorkommnisse überstanden. Der Verlauf lässt sich mit den vorherigen Durch-gängen, mit Ausnahme der zweiten Therapie, vergleichen. Kurz vor dem Erreichen des Gipfels vom Berg geschubst, mache ich mich nun wieder startklar, um den Aufstieg erneut anzugehen. Sisyphos lässt grüßen.

Um Elias bei der Bewältigung meiner Krankheit weiter zu unterstützen, habe ich mir vom Verein „Hilfe für Kinder krebskranker Eltern" den Ratgeber „Mit Kindern über Krebs sprechen" zuschicken lassen. Der Ratgeber ist kostenlos und gibt hilfreiche Tipps, wie man mit Kindern unterschiedlichen Alters über die Erkrankung sprechen sollte. Mich bestätigt der Inhalt darin, dass ich im offenen Umgang mit Elias auf dem richtigen Weg bin. Kinder müssen altersgerecht informiert werden, da sie alles andere nur verunsichert und ihnen Angst einflößt.

Darüber hinaus besorgte ich mir das Bilderbuch „Wann kommst du wieder, Mama?" von Martine Hennuy u.a., welches Kindern ab dem 5. Lebensjahr phantasievoll die Krebserkrankung der Mutter einschließlich der Therapien und ihren Folgen erklärt.

Heute las ich Elias das Buch zum zweiten Mal vor. Er holte es von sich aus nochmals aus dem Regal und bat mich darum, es vorzulesen. Es freute mich, dass ihn das erste Lesen scheinbar nicht verschreckt hatte. Die Geschichte bietet viele Möglichkeiten mit dem eigenen Kind ins Gespräch zu kommen, über seine Fragen, Sorgen und Ängste zu sprechen – ich kann es betroffenen Eltern an dieser Stelle nur empfehlen.

In einer Passage des Buches fragt das kleine Mädchen, ob man an Tumoren sterben könne und sie erfährt, dass Krebs eine schwere Krankheit ist, an der man sterben kann, dass sie aber auch heilbar ist, wenn sie rechtzeitig behandelt wird. Elias fragte mich daraufhin, ob der Krebs bei mir rechtzeitig erkannt worden sei. Ich glaube, dass er unbewusst die positive Formulierung gewählt hat, um mich und sich nicht mit der Frage konfrontieren zu müssen, ob ich sterben werde.
Das Buch lieferte ihm noch weitere Ansatzpunkte, Fragen zu stellen und Klarheit über die Erkrankung zu bekommen. Konkret fragte er mich noch, ob ich auch Krebs habe und ob Krebs eine schlimme Krankheit sei. Beide Fragen musste ich bejahen. Nachdem wir etwa zweidrittel des Buches gelesen hatten, wollte sich Elias mit etwas anderem beschäftigen – er zeigte mir mit seinem Verhalten, dass er die gewonnenen Informationen erst einmal verarbeiten muss – *kleiner, tapferer Junge*!
Ich halte es für überaus wichtig, auf Signale der Kinder zu achten, welche die Bereitschaft zeigen, sich mit der Erkrankung des betroffenen Elternteils auseinanderzusetzen.

Kinder geben selbst vor, wann und wie viel sie über die Erkrankung erfahren möchten. Ein wohldosierter Informationsfluss in altersgerechter Form ist unerlässlich, damit es bei den Kindern nicht nachhaltig zu psychischen Problemen kommt.

23.09.08

Heute habe ich einen Vorstoß gewagt. Als ich mit Elias nachmittags am Esstisch sitze, sage ich ihm, dass ich mit ihm über etwas sprechen müsse. Er daraufhin: „Mama, ich weiß – geh nie mit Fremden mit! War es das, worüber Du mit mir sprechen wolltest?" Ich schmunzele in mich hinein – meine Erziehung trägt scheinbar doch Früchte. Dann lobe ich ihn, dass er sich dies gemerkt hat und sage, dass es aber noch um eine andere Sache gehe. Ich bitte ihn, sich so weit wie möglich an seinen Kuraufenthalt im April 2007 zu erinnern. Elias erinnert sich vor allem an das Zimmer, in dem wir gelebt haben. An die Anwendungen hat er erstaunlicherweise keine Erinnerung mehr. Ich erkläre ihm, dass wir derzeit dort waren, weil er so starke Probleme mit seiner Lunge hatte. Dann schlage ich den Bogen und sage ihm, dass ich ja nun auch erkrankt bin und voraussichtlich eine Kur für mich zur Erholung zu Beginn des neuen Jahres anstehen wird. Ich frage ihn, ob er dann bei seinen Großeltern und Papa wohnen möchte oder ob er mich begleiten wolle. Für mich nicht überraschend sagt Elias, dass er lieber mit mir mitkommen möchte. Ich erkläre ihm, dass es in der Kur auch eine Art Kindergarten gäbe und dass er nur mitkommen könne, wenn er sich dazu bereit erkläre, auch stundenweise in diese Betreuung zu gehen, da ich Therapien haben würde, bei denen er nicht mitkommen könne. Nun überrascht mich der Kleine sehr, da er sagt, dass es doch kein Problem für ihn sei und dass er doch auch einmal „eine Minute" alleine sein könne. Er vermittelt mir glaubhaft, dass er

problemlos in die Kinderbetreuung gehen würde und fragt, ob die Erzieherinnen dort auch nett seien.
Um unsere Abmachung zu besiegeln, dass er gegebenenfalls mitfahren dürfe, geben wir uns feierlich die Hand.
Warum habe ich dieses mich bedrückende Thema nicht schon früher angesprochen? Manchmal unterschätze ich die Entwicklungsgeschwindigkeit meines kleinen Jungen.

Am Abend wird sich Elias dann doch noch der Tragweite des Ganzen bewusst und weint, da er dann in der Zeit des Kuraufenthaltes seinen Papa und seine Freunde im Kindergarten nicht regelmäßig sehen kann. Es wird sicher nicht einfach werden, da er immer Heimweh hat, wenn wir verreisen. Ich verspreche ihm, dass er wieder mit seinem Vater nach Hause fahren darf, wenn das Heimweh zu groß wird.

24.09.08
Seit gestern habe ich wieder damit begonnen, meine Entspannungsübungen durchzuführen, die ich vor der Diagnose meiner Erkrankung häufig nach der Schule gemacht habe. Diese Übungen beinhalten u.a. zwei Elemente aus dem Yoga: das „Sonnengebet" und die „Wechselatmung" nach Anuloma Viloma. Mein Übungsprogramm dauert ca. 30 Minuten. Ich höre dabei eine sehr schöne Entspannungs-CD, „Grand Canyon- a natural wonder" von Dan Gibson. Mithilfe dieser Übungen gelingt es mir ausgesprochen gut, loszulassen und zu entkrampfen. Nach der gestrigen Übung hatte ich zum ersten Mal seit Wochen wieder das Gefühl, richtig durchatmen zu können – das enge Korsett, welches sich seit geraumer Zeit um meinen Bauch gelegt hatte, war aufgesprengt worden.

Als ich heute bei meiner letzten Übung angekommen bin, bei der ich völlig entspannt auf einem Stuhl sitze und versuche, an nichts zu denken, sondern nur da zu sein, zeigt sich mir in

Kombination mit der Hintergrundmusik ein Bild: Ich sehe von oben auf mich herab und befinde mich auf einer Sommerblumenwiese. Die Sonne scheint und erwärmt meinen Körper, die Insekten surren um mich herum. Ich trage ein weißes, luftiges Sommerkleid, recke die Arme in die Luft und tanze. Ich drehe mich immer und immer wieder um mich selbst herum und fühle mich leicht wie eine Feder. Plötzlich drängen sich aus meinem Unterbewusstsein Zweifel auf– *Was ist das für ein Bild? Das bist doch nicht Du. Vielleicht ein Bild der Zukunft? Wie geht es Dir jetzt???* Mit voller Wucht kommt es, das Bild, wie es mir jetzt geht – eine graue Leinwand mit einem kahlen grau-weißen Gesicht – blutrote Tränen laufen aus den Augen des Gesichtes und geben die Wut, Trauer und Angst preis, die sich im Innersten verbirgt. *Ja, das bist Du!*
Tränen über Tränen laufen über mein Gesicht. *Schön, dass ich die Zukunft rosiger sehe als die Gegenwart. Es kann nur besser werden!*

25.09.08
Ich habe neue Informationen zum Thema „Rehabilitation" für mich eingeholt. Es gibt unterschiedliche Formen der Rehabilitation. Je nach Art der Reha, sind andere Träger für diese zuständig. Handelt es sich beispielsweise um eine AHB zur Wiederherstellung der Erwerbsfähigkeit, beginnt die Reha spätestens 14 Tage nach dem letzten Termin der Erstbehandlung, welches bei mir die letzte Bestrahlung wäre. Nimmt man jedoch eine sogenannte „onkologische Nachsorgeleistung" in Anspruch, hat die Patientin bis zu einem Jahr nach der Erstbehandlung Zeit, diese anzutreten. Die Kosten werden im ersten Fall vom Rententräger, im zweiten Fall von der Krankenkasse übernommen. Ich persönlich werde versuchen, eine „onkologische Nachsorgeleistung" zu beantragen, da ich die Reha gerne erst im Frühjahr und nicht bereits im Dezember oder Januar antreten möchte.

29.09.08
Am Wochenende haben wir an beiden Tagen schöne Ausflüge
bei angenehmem Herbstwetter unternommen, die ich sehr genossen habe.

Als wir am Samstag kurz entschlossen auf der Ladefläche unseres Multivans ein Picknick abhielten, da es ansonsten mit
dem Essen zu spät geworden wäre, fragte Elias uns, ob er uns
eine Geschichte erzählen solle. Wir waren ganz gespannt und
Elias begann, uns die Geschichte eines kleinen Kindes zu
erzählen, dessen Mutter an Krebs erkrankt war. Er berichtete
von der Chemotherapie der Mutter im Krankenhaus und vom
Haarausfall. Die Erzählung endete damit, dass die Mutter
wieder gesund nach Hause kam. Elias erzählte uns quasi das
Bilderbuch, welches ich mit ihm gelesen hatte, in Kurzfassung.
Es scheint ihm mit der Situation derzeit wieder besser zu
gehen, da er fest an einen positiven Verlauf glaubt, aber ganz
offensichtlich beschäftigt sie ihn immer noch.

Am Sonntag besuchten wir einen Freizeitpark. Wir fuhren
unter anderem mit einer Wildwasserbahn, in der wir automatisch fotografiert wurden. Mein Mann zog es in Erwägung,
das Foto zu kaufen. Ich dachte in diesem Moment nur: *Schön,
wenn wir für Elias langfristig dokumentieren können, dass ich,
als ich krank war, noch derartige Dinge mit ihm unternommen
habe – vielleicht bekomme ich eine solche Gelegenheit nicht
noch einmal.* Dichte Wolken verdunkelten die Sonne meines
Gemüts und ich musste gegen die aufsteigenden Tränen an-
kämpfen. Wir kauften das Bild.

04.10.08
Gestern Abend waren wir bei meiner Freundin zur Geburts-
tagsparty und Wohnungseinweihung eingeladen. Elias konnte
bei meinen Eltern übernachten, da seine Lunge derzeit erfreu-

licherweise recht stabil ist. Wir haben uns sehr darüber gefreut, dass er auch bei meinen Eltern kein Theater mehr gemacht hat, als meine Mutter ihn abends ins Bett brachte.

Auf der Party haben wir Gäste getroffen, die wir von vorherigen Partys noch nicht kannten und andere, die wir bereits durch frühere Einladungen meiner Freundin kennengelernt hatten. Ich hatte meine Perücke aufgesetzt und bekam nicht den Eindruck, dass jemand bemerkte, dass ich einen Haarersatz trug. Hin und wieder fragte ich mich und letztendlich auch meine Freundin, wer von ihr über mein Schicksal informiert worden war. Sie hatte es niemandem gesagt und so war es ein Abend, an dem ich einfach so tun konnte, als sei alles „normal".

Heute Nachmittag musste ich mich von meinen Eltern verabschieden, die für zwei Wochen in den Urlaub geflogen sind. Es fiel mir unglaublich schwer. In meinem tiefsten Inneren habe ich in den letzten Wochen das Gefühl, dass mich meine Eltern am intensivsten in meiner Erkrankung begleiten – sie sind immer für mich da und versuchen mich zu unterstützen, wo sie nur können. Besonders meine Mutter nimmt sich fast täglich die Zeit für teilweise sehr emotionale Telefonate – ich bin mir sicher, dass ihr diese auch nicht immer leicht fallen, aber sie versucht es mich nicht spüren zu lassen. Ich bin sehr dankbar für alles, was meine Eltern für mich tun. Die Aussicht, sie für zwei Wochen nicht in meiner Nähe zu wissen, macht mich sehr traurig. Im weiteren Verlauf des Tages muss ich immer wieder meine Tränen unterdrücken.

06.10.08
Meine Kondition steigt wieder von Tag zu Tag und der Gipfel des Berges ist bereits in Sicht (doch ich werde ihn ja auch diesmal nicht erreichen können).

Meine Augenbrauen und Wimpern sowie Kopfhaare sind nicht weiter ausgefallen und ich rechne auch nicht mehr mit einem weiteren Verlust. Derzeit habe ich einen leichten Flaum vereinzelter Haare von ca. 0,5 cm auf dem Kopf. Die Kopfhaut ist natürlich deutlich zu sehen, da es einfach zu wenige Haare sind. Wenn ich mit meiner Perücke unterwegs bin, bestätigen mir alle Menschen, die von meiner Erkrankung wissen und mich vorher noch nicht mit „Fiffi" gesehen haben, dass sie nicht erkennen, dass es sich um ein Zweithaar handelt.

08.10.08
Heute ist Elias großer Tag – er wird fünf Jahre alt. Es ist mir unheimlich wichtig, dass er einen unbeschwerten und glücklichen Geburtstag erlebt. *Wie viele seiner Geburtstage werde ich wohl noch für ihn ausrichten können?* Derartige Gedanken kommen mir zwar nicht mehr so häufig wie in den ersten Wochen, aber hin und wieder verdunkeln die Wolken doch noch die Sonne am Himmel.

Meine fünfte Chemotherapie habe ich um drei Tage nach hinten verschoben, da ich ansonsten heute nicht in der Lage gewesen wäre, Elias Geburtstag auszurichten. Um 15:00 Uhr kommen drei seiner Kindergartenfreunde, eine Cousine und ein Cousin und ein Mädchen aus der Nachbarschaft sowie drei der Mütter. Wir sind somit insgesamt 12 Personen.

Bereits vor vielen Tagen hat Elias Tischkarten und seine Krone sowie eine Girlande selbst gebastelt. Gestern haben wir gemeinsam zwei Kuchen gebacken. Nun ist er natürlich schrecklich aufgeregt.

Stephan und ich haben etliche Spiele vorbereitet und Stephan führt den Kindern ein Kasperletheater vor. Der Geburtstag verläuft wunderbar – alle Kinder haben Spaß und freuen sich über die kleinen Präsente, die sie nach den Spielen erhalten. Der Nachmittag hätte nicht besser verlaufen können.

Am Abend liegt Elias völlig erschöpft und glücklich im Bett. Kurz vor dem Einschlafen macht er mir noch ein großes Geschenk – er sagt, es sei ein sehr schöner Geburtstag gewesen und dass er sich über alle Spiele und Geschenke riesig gefreut habe. Die Anstrengung hat sich gelohnt!

09.10.08
Morgen bekomme ich meine fünfte Chemotherapie. Von mehreren Seiten habe ich gehört, dass die fünfte und sechste Chemo im Allgemeinen schlechter vertragen wird, als die vorherigen bzw. dass man mehr Zeit benötigt, um sich von der Therapie zu erholen. Ich lasse mich nicht ängstigen – mal sehen, was so kommt. Ich gehe mit guten Voraussetzungen in die Therapie und fühle mich körperlich gut, obwohl ich morgens oft sehr müde bin und häufig, wenn „meine Männer" aus dem Haus sind, bis 10:00 Uhr schlafe, da ich weiterhin nachts Schlafstörungen habe. Heute bin ich zum ersten Mal seit langer Zeit eine Stunde im Wald mit Nordic-Walking-Stöcken stramm gelaufen und habe keinen Berg ausgelassen. Es war anstrengend, aber hat gut geklappt. Ich gehe optimistisch in den morgigen Tag.

15.10.08
Die fünfte Chemo ist weitestgehend überstanden. Die Nebenwirkungen traten nach bereits bekanntem Muster auf und boten keine nennenswerten neuen Varianten. *Welch ein Glück für mich!* Nach und nach kehrt meine Kondition zurück – mühsam ernährt sich das Eichhörnchen.

16.10.08

Im Laufe des Lebens baut man engere und weniger enge Beziehungen zu anderen Menschen auf, schließt Freundschaften und findet Bekanntschaften. Die Beziehungen verlaufen dynamisch – mal sind diese enger, mal wieder weiter und manchmal lösen sich Beziehungen auch nach vielen Jahren wieder auf. Wir Menschen entwickeln uns immer weiter und so kann es passieren, dass sich die geschlossene Schere der Freundschaft öffnet und beide Beziehungspartner in unterschiedliche Richtungen laufen, bei denen sich die Wege nicht mehr kreuzen. Zeitweise empfinden wir Trauer oder gar Schmerz, wenn wir bemerken, dass unsere Freundschaft nicht mehr der entspricht, die wir über Jahre genießen durften, zeitweise bemerken wir die langsame Entfremdung nur am Rande.

Rutschen wir Menschen in eine derartige Lebenskrise wie ich, stellt sich unser Beziehungsgeflecht zum Teil schlagartig verändert dar. Verwandte, Freunde und Bekannte positionieren sich neu. Ich stelle mir eine Graphik wie ein Spinnennetz vor, in dessen Mitte ich stehe. Die Graphik vor meiner Erkrankung zeigt ein anderes Bild als die Graphik nach der Diagnosestellung KREBS. Meine Freunde und Bekannte haben sich innerhalb der Graphik bewegt, indem sie einige Querfäden weiter auf mich zu oder aber auch weiter von mir weg, zum Netzrand hin, „geflüchtet" sind. Was die Bewegung meiner langjährigen Freunde angeht, gab es für mich keine großartigen Überraschungen und ich bin dankbar dafür. Bisher hat mich kein Freund, keine Freundin „fallen gelassen", die wirklich engen Freunde haben sich eher noch weiter auf mich zu bewegt und begleiten mich mit meiner Erkrankung.

Überraschend war für mich jedoch, dass sich sogar Kollegen aus der Schule wiederholt bei mir melden und den Mut aufbringen, mich anzurufen oder sich mit mir zu treffen. Ich persönlich kann von mir nicht mit Sicherheit sagen, ob ich andersherum, aufgrund der kurzen Zeit, die wir uns nur kannten, ebenso gehandelt hätte. Wir alle kennen den Spruch „aus den Augen, aus dem Sinn", der hier erfreulicherweise nicht zutrifft. Auch dafür bin ich dankbar. Ich weiß, dass sich viele Menschen durch die Konfrontation mit einer lebensbedrohlichen Erkrankung verunsichert fühlen und nicht wissen, wie sie mit der betroffenen Person umgehen sollen. Ich kann es somit verstehen, wenn eine Distanz eingehalten wird. Verstehen kann ich dies jedoch nur bei lockeren Bekanntschaften, echten Freunden könnte ich das nicht verzeihen.

Eine echte Überraschung ist für mich der Beginn einer neuen Freundschaft. Über anfangs wiederholt zufällige Begegnungen entwickelt sich derzeit aus einer Nachbarschaft eine Freundschaft mit viel Nähe. Ich finde es sehr mutig von einem Menschen, wenn er bereit ist, in solch einer Situation Nähe zuzulassen, obwohl er nicht weiß, ob diese Nähe irgendwann Traurigkeit und Verlust mit sich bringen wird. Immer dann, wenn wir Gefühle zulassen und Beziehungen eingehen, werden wir auch verletzlich. Es ist für mich eine ganz neue Erfahrung und ich bin sehr dankbar, dies erleben zu dürfen.
Gekoppelt an dieses Gefühl der Dankbarkeit heftet sich jedoch auch wieder eine tiefe Traurigkeit an meine Fersen – *ja, das Leben ist schön und ich möchte es noch lange leben* – die Möglichkeit, dass es sehr begrenzt sein könnte, macht mich zutiefst traurig. *Ich will noch lange lange Leben!!!!!!!!!*

17.10.2008
Elias hatte heute Nacht Schüttelfrost mit Erbrechen und 39,7°C Fieber. Es war wieder eine sehr schlaflose Nacht. Stephan ist Gott sei Dank zu Hause geblieben und mit ihm zum Kinderarzt gefahren. Er hat einen Virusinfekt. Das Fieber stieg im Laufe

des Tages nicht noch einmal an, aber die Lunge ist sehr verschleimt. Stress für die Mama.

18.10.2008

Es ist etwas Tolles passiert – als ich heute in den Spiegel sah, fielen mir plötzlich kleine Härchen an den Augenbrauen auf, die neu gewachsen sind. Bei genauerem Hinsehen entdeckte ich dann auch kleine neue Haare auf der Kopfhaut. Sie wachsen noch nicht „flächendeckend", aber immerhin sind es viel mehr Haare, als noch vor einigen Tagen. Ich bin ganz glücklich – die längste Zeit ohne Haare ist geschafft! Noch eine Chemo, dann geht es steil wieder bergauf!

19.10.08

Ich habe mich bei Elias angesteckt. Kein Wunder, wenn die Talfahrt der Leukozyten mit einem Virusinfekt und drei Nächten schlechten Schlafes zusammenkommen. Heute fühle ich mich vor allem schlapp und bin wieder heiser. Ich hoffe, dass es nicht noch viel schlimmer wird.

24.10.08

Der Infekt zieht sich in die Länge. Ich leide vor allem unter starkem Reizhusten, Schnupfen und allgemeiner Erschöpfung. Darüber hinaus nervt es mich, dass ich mich nun, zwischen der 5. und 6. Chemo, nicht wirklich gut fühlen kann. Waldläufe fallen aus und ich muss einfach durch Ruhe versuchen, meinen Infekt zu bewältigen. In sechs Tagen steht die letzte Chemo auf dem Programm. Ich merke, dass meine Energie und Toleranz, diese Keule mit der folgenden Talfahrt auszuhalten, immer mehr sinkt. Gott sei Dank benötige ich nicht mehr als sechs Behandlungen.

Elias geht es mittlerweile wieder besser. Wenigstens ein kleiner Lichtblick.

27.10.08

Mein Infekt macht mir weiterhin sehr zu schaffen. An längere Spaziergänge oder gar körperliche Anstrengung ist nicht zu denken. Ich huste mir, vor allem abends, wenn ich versuche in den Schlaf zu kommen, die Seele aus dem Leib. Es ist frustrierend.

Manchmal überfällt mich eine Angst, dass dieser Husten nicht durch einen normalen Infekt, sondern durch Metastasen in der Lunge begründet sein könnte. Ich versuche mich zu beruhigen, indem ich mir die Worte des Onkologen ins Gedächtnis rufe, dass er noch nie erlebt hat, dass sich ein Krebs unter einer Chemotherapie so ausgebreitet hat. *Ruhe bewahren!*

Rückblickend kann ich sagen, dass meine Angstattacken aber seltener geworden sind und nicht mehr so heftig ausfallen wie in den ersten Wochen nach der Diagnosestellung. Irgendwie schafft es der Körper doch, so eine Erkrankung in das Leben zu integrieren. Sicher ist dies auch eine Art Selbstschutz, denn auf Dauer könnte man mit einer so substanziellen Todesangst nicht leben. Nun gibt es ein Leben mit KREBS (im besten Fall ein Leben <u>nach</u> Krebs).

28.10.08

Heute fahre ich ins Klinikum zum Vorgespräch der Strahlentherapie. Mein Infekt hat sich nicht wesentlich gebessert. Ich werde die letzte Chemo in der Hoffnung, dass Zeit Heilung mit sich bringt, um fünf Tage nach hinten verschieben. Die Homöopathin von Elias hat mir einen Hustentee und ein homöopathisches Mittel empfohlen, welches ich ab heute Abend einnehmen werde.

Elias geht es erfreulicherweise für seine Verhältnisse sehr gut. Wir beginnen langsam die Medikamente zu reduzieren, was uns seit meiner Entlassung aus dem Krankenhaus im Juni längerfristig nicht gelungen ist.

Während meiner Wartezeit im Klinikum lese ich mir eine Informationsbroschüre zur Strahlentherapie durch. Hier heißt es, dass das medizinische Personal der Strahlenpraxis im Besonderen auch auf das seelische Gleichgewicht der Patienten achtet- *da bin ich ja mal gespannt.*

Während meines Aufklärungs- und Informationsgespräches nimmt sich der Arzt sehr viel Zeit. Er erklärt mir alles, was ich rund um die Strahlentherapie wissen muss und ist dabei sehr freundlich und zugewandt. Hier hält man, was man in der Broschüre verspricht – also keine reine Floskel. Ich bin darüber erfreut und dankbar, dass einige Mediziner heute zunehmend nicht mehr nur den reinen Körper, sondern auch noch den Geist und die Seele des Menschen in den Blick nehmen und somit den Menschen ganzheitlich betrachten – ein Segen für die Patienten.

Der Arzt informiert mich darüber, dass ich 28 Bestrahlungen der rechten Brustwand erhalten werde. Das Ziel der Radiotherapie sei es, einzelnen Krebszellen, die nach der Operation noch an der Brustwand verblieben sein könnten, endgültig den Garaus zu machen. Grundsätzlich würden alle Frauen bestrahlt, die brusterhaltend operiert worden wären, in Einzelfällen würde es jedoch auch Sinn machen, Frauen nach einer kompletten Brustentfernung zu bestrahlen.

Laut Lilo Berg haben mehrere Studien gezeigt, dass die Bestrahlung nach einer Brustentfernung nicht nur die Häufigkeit von erneut auftretenden lokalen Tumoren senken kann, sondern auch das Risiko von Fernmetastasen reduzieren. Das Risiko für ein Lokalrezidiv sinkt - im statistischen Durchschnitt - um bis zu 35 % (vgl. Berg, L., 2007, S. 253-254). *Wer will sich diese Chance schon entgehen lassen?*

02.11.08
Mein Infekt hat sich deutlich gebessert. Ich huste nur noch wenig und kann wieder ohne hustenstillende Medikamente schlafen.

Im Internet habe ich nach Möglichkeiten recherchiert, das Auftreten eines Rezidivs zu verhindern. Durchgängig positiv und wirksam, besonders bei Brustkrebs, wird die Einnahme von Curcumin (Gelbwurz – der natürlich gelbe Farbstoff des Currygewürzes) in Verbindung mit Piperin (ein Bestandteil des schwarzen Pfeffers) beurteilt. Mittlerweile gibt es Kapseln zu kaufen, die diese beiden Wirkstoffe kombiniert enthalten. Ich habe mich entschlossen, mir diese Kapseln zu besorgen.

04.11.08
Heute ist mein großer Tag – ich trete zum letzten Mal in der „Arena der Onkologie" an.

Die Verabreichung verläuft ohne besondere Vorkommnisse. Meine Eltern nehmen mich anschließend in Empfang. Als wir über den Flur in Richtung Ausgang laufen kann ich meine Tränen nicht mehr zurückhalten – es ist schon ein anstrengender Kampf in sechs Runden, den man hier mit chemischen Waffen gegen die Krebszellen führt – es ist schon nicht einfach, hier über die Monate die Nerven zu behalten. *Gott sei Dank ist es vorbei – hoffentlich für immer!!!*

05.11.08
Mein Vater hat mir heute sechs rote „Tapferkeitsrosen" geschenkt – es ist so schön, wenn jemand bemerkt und anerkennt, was ich in der letzten Zeit geleistet habe.

07.11.08

Die Freude über das Ende kompensiert scheinbar einen Teil der Nebenwirkungen. Ich habe keine Lust, der Chemotherapie und ihren Nebenwirkungen noch so viel Raum in meinem Leben zu geben, und somit scheine ich diesen Durchgang besonders gut zu verkraften.

Erstmalig bin ich noch an allen Tagen nach der Therapie ca. 20-30 Minuten „um den Block" spaziert und habe deutlich weniger geschlafen als bei den vorherigen Therapien.

Ich arbeite konsequent auf mein Ziel hin, mich fit zu machen, weil ich morgen zu einem Basar im Kindergarten gehen möchte, um Elias Winterbekleidung zu kaufen – Wille versetzt bekanntlich Berge.

08.11.08

Trotz einiger Kreislaufbeschwerden und seit Wochen immer wiederkehrender Hitzewallungen gehe ich heute zu dem Basar. Der Besuch verläuft problemlos und ich erstehe die Bekleidungsstücke für Elias, die ich gesucht habe – das hat geklappt – ich bin ein bisschen Stolz auf mich und meine Energie.

Nachmittags beginnt Elias zu kränkeln – *bitte nicht schon wieder!*

Mein innerliches Flehen wird nicht erhört. Elias bekommt zunehmend Fieber und liegt ab 18:00 Uhr mit 39,8°C Fieber auf dem Sofa. Ihm tut alles weh und ich darf ihn noch nicht einmal anfassen. *Mein lieber kleiner Junge, ich möchte Dir so gerne helfen!*

Mein Mann besorgt aus der Notapotheke fiebersenkende homöopathische Zäpfchen und ich verabreiche Elias Belladonna, ein homöopathisches Mittel gegen Fieber. Wir haben das Gefühl, den Teufelskreis durchbrechen zu müssen, bei dem Elias bei Fieber immer Paracetamol oder Ibuprofen bekommt, um sich dann nach vier Stunden mit Schüttelfrost wieder auf 40°C Körpertemperatur zu bringen. Es kostet so viel Kraft, die Situation auszuhalten und die Verantwortung (gerade auch über die Nacht) zu übernehmen.

Woher soll ich nur die Kraft nehmen, dies hier auch noch alles durchzustehen? Ich fühle mich wie ein Ertrinkender, der auf eine Insel zu schwimmt, die immer wieder, kurz bevor er das Land erreicht, ein Stückchen weiter nach hinten gezogen wird. Schwimm! Los schwimm! *Eigentlich kann ich schon lange nicht mehr.*

Ich schlafe oder besser gesagt wache neben Elias im Ehebett. Er ist sehr unruhig. Das Fieber sinkt durch die homöopa-thischen Medikamente um ein Grad. Es steigt auch in der Nacht nicht wieder so hoch an.

09.11.08
Elias geht es etwas besser. Die Körpertemperatur steigt tags-über nicht über 38,6°C.

Abends im Bett ist er wieder sehr unruhig und wird ständig wach. Er schwitzt stark und ich ziehe ihn mehrfach um. Letzt-endlich habe ich keine andere Wahl, als ihn wieder mit in mein Bett zu nehmen – und noch eine Nacht mit wenig Schlaf.

10.11.08
Elias ist scheinbar über den Berg. Ich bin stolz auf uns, dass wir ihm diesmal die Chance gegeben haben, sich selbst zu helfen. Insgesamt ist dies aber absolut zulasten meiner Kondition gegangen, denn ich fühle mich heute einfach nur noch ausgelaugt, müde und absolut kraftlos. Darüber hinaus habe ich das Gefühl, mich wieder bei Elias angesteckt zu haben – kein Wunder, weil sich meine Leukozyten gerade wieder auf dem Abstieg befinden.

Habe ich im Moment kein Anrecht auf dieser Erde, mich auch einmal wohl fühlen zu können?

15.11.08

Der neue Infekt hat mich nicht so stark zu Boden gerissen, wie ich befürchtet hatte. Ich habe zwar wieder Schnupfen und Husten, aber kein Fieber. Insgesamt fühle ich mich aber dennoch gerade sehr sehr schlapp. Vermutlich hängt dies auch mit dem Abfall der Blutkörperchen zusammen, der gestern gerade seinen Höhepunkt hatte. Ich kann keine großen Sprünge machen.

Überdenke ich die sechs Chemotherapien rückwirkend, muss ich dennoch sagen, dass ich bei den ersten Infusionen stärkere Nebenwirkungen hatte, als bei den letzten. Dies ist etwas widersprüchlich zu dem, was die Ärzte allgemein vorhersagen. Laut Aussage der Ärzte, hätte ich die fünfte und sechste Chemotherapie schlechter verarbeiten können müssen, als die anderen vier, weil der Körper weniger Kraftreserven hat. Bei mir war es eher so, dass mich die Erschöpfung, Übelkeit und die Kopf- und Gliederschmerzen am Anfang stärker beeinträchtigt haben als zum Ende hin. Wohl gefühlt habe ich mich natürlich auch nie, aber es war zu ertragen.

Mir zeigt dieser Verlauf ganz deutlich, dass man nie über die Verträglichkeit von Medikamenten allgemeingültige Aussagen treffen kann – jeder Mensch ist individuell und verarbeitet somit auch individuell Wirkstoffe in seinem Körper. Ganz sicher bin ich mir, dass mir meine körperliche Aktivität zwischen den Therapien geholfen hat, diese annähernd gut zu überstehen. Darüber hinaus glaube ich fest daran, dass mir meine innere Einstellung zu der Chemo, die ich, wie beschrieben, als Partner im Kampf gegen den Krebs und nicht als Gegner gesehen habe, geholfen hat, zuversichtlich zu bleiben.

19.11.08

Langsam geht es wieder bergauf. Die Perspektive, dass ich nun eine realistische Chance habe, den Gipfel des Berges zu erreichen, stimmt mich positiv. Der Infekt geht langsam zurück und ich konnte heute wieder 45 Minuten spazieren gehen, ohne mich überfordert zu fühlen.

Gestern habe ich mehrere Stunden an einem Bild mit Acrylfarben gemalt und mich dabei durch schöne Musik begleiten lassen. Es war so unglaublich entspannend – Urlaub für meine gestresste Gedankenwelt. Ich habe an nichts weiter gedacht, als an das Malen – *war das schön!* Das schreit geradezu nach baldiger Wiederholung. Wie gut, dass ich mich zu einem Wochenendkurs „Malen auf Leinwand" für dieses Wochenende bei der Volkshochschule angemeldet habe.

Morgen bekomme ich die erste Bestrahlung. Somit wird die letzte Therapiesäule begonnen. Ich werde ab morgen viermal wöchentlich bestrahlt. Schade, so bleibt mir wieder weniger Zeit für Erholung.

21.11.08

Ich finde mich pünktlich in der Strahlenpraxis des Klinikums ein. Bevor mit der Bestrahlung begonnen werden kann, wird das vorab errechnete Strahlenfeld mit dicken Stiften auf den Brustkorb gemalt. Diese Bemalung ziert nun für sieben Wochen meinen Oberkörper. Ich darf duschen, muss aber darauf achten, dass die Striche nicht abgewaschen werden. Im Bestrahlungsbereich darf ich keine Creme o.ä. verwenden.

Die Bestrahlung selbst ist schmerzlos. Ich merke nichts von der Strahleneinwirkung. Nach wenigen Minuten werde ich bereits wieder entlassen. Ein Spaziergang im Gegensatz zu der Chemotherapie.

Auch im weiteren Verlauf des Tages kann ich keine besonderen Nebenwirkungen feststellen. Ich vermute, dass sich diese erst nach mehrfacher Wiederholung einstellen.

Abends habe ich einen sehr müden Jungen zu Hause, der meint, einen „Zwergenaufstand" proben zu müssen. Elias regt sich u.a. darüber auf, dass ich ihm nicht versprechen kann, dass es morgen schneit. Er ist kaum zu beruhigen und entscheidet sich schließlich – schmollend auf dem Boden sitzend, mit verschränkten Armen und Beinen – morgen seine Sachen zu packen und auszuziehen. „Ich ziehe zu Oma und Opa.", verkündet er mit lauter Stimme und dass er nicht mehr mit mir zusammenleben wolle. Ich muss mir ein Schmunzeln verkneifen - die Situationskomik ist nicht zu leugnen.
Irgendwie bin ich sogar erleichtert, dass er sich wieder abzugrenzen versucht, da es mir zeigt, dass er sich nicht mehr so verantwortlich für mich fühlt. Ich habe den Eindruck, dass Elias keine besonderen Probleme mehr mit meiner Erkrankung hat. In den ersten Wochen war er sehr unruhig und besorgt und hat mich mit selbstgebastelten Geschenken überschüttet. Er war fast ausnahmslos ruhig und angepasst. Es machte mir schon fast Sorgen, dass er sich nicht mehr seinem Alter entsprechend verhielt. Jetzt scheint wieder alles in Ordnung zu sein. *Wie schön, eine Sorge weniger.*

26.11.08
Mittlerweile habe ich vier Bestrahlungstermine hinter mir. Ich vertrage die Bestrahlung gut, bin aber weiterhin vor allem abends sehr müde. Es lohnt sich für mich, ein kurzes Schläfchen nach der Bestrahlung einzuplanen.

Der Malkurs am Wochenende hat mir sehr viel Freude bereitet. Es war beeindruckend, wie viele Teilnehmer durch eine

Erkrankung unterschiedlicher Art zum Malen gekommen sind. Ich fühlte mich in einem „Selbsthilfekurs Malen". Etliche Teilnehmerinnen hatten das Bedürfnis mitzuteilen, was ihnen gesundheitlich alles widerfahren ist – ich hielt mich zurück, da es meiner Meinung nach nicht der richtige Ort für Krankheitsgeschichten war. In insgesamt 14 Stunden erschuf ich ein Bild, welches eine Gladiole zeigt. Während des Malens war ich wieder sehr entspannt und zugleich konzentriert, sodass meine Gedankenwelt „Urlaub hatte". Es war ein so schönes Gefühl.

Meine Kondition kommt langsam zurück. Ich bin heute bereits wieder zügig 6 km im Wald gewalkt. Ich freue mich so sehr, dass ich eine Chance habe, mir meine Kondition zu erhalten, sie sogar noch zu verbessern.

Darüber hinaus wachsen die Haare langsam wieder dichter nach. Es wird zwar noch einige Wochen dauern, bis ich wieder ohne Kopfbedeckung aus dem Haus gehen kann, aber es ist ein Anfang und zeigt eine Tendenz auf, dass sich der Körper von der Chemotherapie erholt.

27.11.08
Mein Psychoonkologe teilte mir in dem heutigen Gespräch mit, er haben den Eindruck, dass ich weitere Sitzungen nicht mehr wirklich bräuchte, da ich mit der Verarbeitung der Erkrankung auch sehr gut alleine zurecht käme. Ich hatte in den letzten Tagen ein ähnliches Gefühl. Es gibt immer weniger Momente, die mich emotional erschüttern. Natürlich bleibt auf der einen Seite die Angst vor einem Rückfall - auf der anderen Seite steht die Hoffnung, für immer geheilt zu sein – die Waage steht in einem ausgewogenen Verhältnis.

Mittlerweile bin ich mir noch nicht einmal sicher, ob eine Rehabilitationsmaßnahme für mich wirklich erforderlich ist. Ich erhole mich am besten, wenn ich Zeit für mich habe, in der ich machen kann, wonach mir gerade der Kopf steht. Darüber hinaus verhält sich Elias wieder unbesorgt und locker, sodass eine Reha in der die Erkrankung wieder im Mittelpunkt steht, eher nachteilig für ihn sein könnte. Für ihn ist es sicher am besten, wenn der ganz normale Alltag weitergeht.

28.11.08
Nachdem ich Elias heute in den Kindergarten gebracht habe, schließe ich direkt einen Spaziergang von 45 Minuten an. Mittlerweile gelingt es mir morgens mit „meinen beiden Männern" aufzustehen. Während der Chemo war ich immer zu kaputt und müde, um den Tag schon um 6:00 Uhr beginnen zu können. Mit dem Start der Strahlentherapie habe ich meinen Tagesablauf umgestellt, da die Bestrahlung gegen Mittag stattfindet und ich mich anschließend täglich ca. eine Stunde schlafen lege. Nach der Bestrahlung bin ich dann doch immer so müde, dass eine Ruhephase eingeplant werden muss.

Heute lasse ich es mir richtig gut gehen, weil ich mir bis zur Fahrt ins Klinikum ausschließlich Dinge vorgenommen habe, die mir sehr viel Spaß machen – zunächst der Spaziergang und anschließend das Weitermalen an meinem zweiten Bild, welches ich in dem Malkurs begonnen hatte. Es handelt sich dabei um den Blick von meiner Lieblingsdüne in Dänemark. Ich male das Bild nach einem Foto, welches an einem Urlaubsort aufgenommen wurde, den ich bereits seit meinem zweiten Lebensjahr fast jährlich besuche. Immer, wenn es mir nicht so gut geht, aber auch, wenn ich meine Entspannungs-übungen mache, stelle ich mir vor, ich säße auf dieser Düne – die Sonne erwärmt mein Gesicht, der Wind spielt mit meinem

Haar, ich höre die Schreie der Möwen und das Rauschen des Meeres.

Gegen Mittag mache ich mich auf den Weg zur Bestrahlung. Ich fahre die ca. 23 km selbst mit dem PKW. Grundsätzlich hätte ich die Möglichkeit, mich mit dem Taxi fahren zu lassen - die meisten Krankenkassen übernehmen diese Fahrtkosten. Ich habe keine Lust dazu und empfinde die Fahrt nicht als übermäßig anstrengend.

Nach der Bestrahlung ergibt es sich, dass ich noch ein kurzes Gespräch mit dem Chefarzt der Onkologie halten kann. Ich nutze die Gelegenheit, ihm zu sagen, wie bedrückend die Atmosphäre in der onkologischen Tagesklinik besonders anfangs auf mich gewirkt hat und erzähle ihm von meinen Plänen, der Klinik das Bild zu spenden, welches Elias und mir bei dem Besuch der Heilpraktikerin aufgefallen war. Er zeigt sich sehr interessiert und ist offen für meine Verbesserungs-vorschläge.
Mein Plan nimmt Gestalt an, als sich mein Mann bereit erklärt, das Bild über seine Firma zu spenden. Ich bin schon gespannt, wie es dem Klinikpersonal und Patienten gefällt.

30.11.08
Heute Abend findet die Weihnachtsfeier der Firma meines Mannes statt. Ich möchte unbedingt gut aussehen und keinen kranken Eindruck machen.
„Fiffi" hat somit heute Abend Ausgang. Alles läuft prima. Über kurze Kommentare einiger Gäste erlebe ich wieder, dass niemand meine Perücke bemerkt, wenn ich diese nicht von mir aus erwähne. Mehrfach werde ich auf mein gutes Aussehen angesprochen – das tut gut!

Auffällig ist, dass mir Mitarbeiter der Firma, die mich am Telefon immer fragen, wie es mir geht, mir heute diesbezüglich aus dem Weg gehen. Scheinbar ist es für andere Menschen nicht so leicht Angesicht zu Angesicht über eine schwere Erkrankung zu sprechen. Vielleicht ist die Angst und Unsicherheit zu groß, in einem Gespräch an einen Punkt zu kommen, an dem man nicht mehr weiß, was man sagen soll.

Als ich kurz vor unserem Aufbruch dann doch noch von einem Mitarbeiter gefragt werde, wie es mir geht und ich mit: „Mir geht es gut!" antworte, ist die Verblüffung in seinem Gesicht zu sehen – mit so einer Antwort rechnet dann scheinbar auch niemand.

06.12.08

Die letzte Woche ist komplikationslos verlaufen. Ich hatte erfreulicherweise weiterhin genug Energie, um morgens mit Elias aufzustehen und wach zu bleiben. So konnte ich die Morgenstunden nutzen, um etwas Schönes für mich zu tun, bis ich zur Bestrahlung fahren musste.

Die Verträglichkeit der Bestrahlungen hat sich innerhalb der ersten 10 Anwendungen nicht geändert. Die Haut im Bestrahlungsfeld ist noch in Ordnung. Nach den Bestrahlungen benötige ich ein bis zwei Stunden Schlaf, je nach Qualität des Schlafes in der vorangegangenen Nacht. Es ist alles gut zu ertragen und die Belastung kein Vergleich zur Chemotherapie. Meine Kopfbehaarung verdichtet sich zunehmend.

Elias scheint die Probleme und Veränderungen durch meine Erkrankung nun vollends bewältigt zu haben. Er ist wieder „frech wie Oskar" und testet laufend seine Grenzen aus. Auf der einen Seite ist dies sehr anstrengend für mich, auf der anderen Seite bin ich heilfroh, dass er sich gefangen hat. Ich bin glücklich, wenn er sich unbeschwert verhält.

08.12.08

Elias Lunge macht wieder zunehmend Schwierigkeiten. Er ist
sehr verschleimt und spastisch. Ich hatte ihn gegen Grippe
impfen lassen und seitdem ist sein Zustand instabil.

Parallel zur Verschlechterung der Lunge, nimmt seine Unruhe
in der Nacht zu. Diese ist fast ein Parameter für den Zustand
seiner Lunge. Diese Unruhe stieg in den letzten Nächten immer
weiter an. Somit sind dann automatisch meine Nächte auch
wieder kaum bis nicht erholsam.

Steigt mein Stressfaktor nachts diesbezüglich an, sinkt propor-
tional meine Kraft und Entspannung für den folgenden Tag.
Dann habe ich wieder das Gefühl, als würde sich ein enger
Gürtel um meinen Bauch legen und ich kann nicht mehr richtig
durchatmen.

Ich habe zwar die Möglichkeit, morgens noch zu schlafen, bin
dann aber sehr unzufrieden, weil mein Tag nicht nur aus
Schlafen, Bestrahlung und der Betreuung von Elias bestehen
soll.

13.12.08

Die letzten Tage waren durch Elias Erkrankung sehr anstrengend. Ich kann dies kaum noch kompensieren.

Darüber hinaus habe ich bemerkt, dass ich Schmerzen im Un-
terbauch habe und die Bauchdecke eine erhöhte Spannung
aufweist. Dunkle Wolken ziehen auf – immer wieder denke ich
tagsüber darüber nach, was wäre, wenn sich der Krebs weiter
ausgebreitet hätte. Derartige Gedanken lassen sich nicht
steuern – sie verselbstständigen sich und machen mir das
Leben zusätzlich schwer. Panik steigt auf. In wiederkehrenden
kurzen Phasen versuche ich meine Tränen zurückzuhalten. Ich
habe versucht, den zweiten Nachsorgetermin am Freitag
kommender Woche vorzuziehen, aber der Arzt hatte keinen
Termin mehr frei. Also muss ich es aushalten. Es ist eine

Übung, denn diese Angst werde ich für den Rest meines Lebens nicht mehr los.

15.12.08
Elias geht es jetzt wieder etwas besser. Die letzten beiden Nächte waren ruhig – Gott sei Dank.

Meine Sorgen begleiten mich weiterhin über den Tag. So kann eine Woche lang werden.

16.12.08
Heute Nacht hat Elias plötzlich doch wieder 39,0°C Fieber mit Schüttelfrost und Erbrechen bekommen. Ich habe nur fünf Stunden mit etlichen Unterbrechungen geschlafen. Als ich neben ihm liege und nach der Verabreichung eines homöopathischen Zäpfchens abwarte, wie sich sein Zustand entwickelt, sehe ich ein Bild. Ich sehe von oben herab auf eine Tür. Hinter der Tür befindet sich nichts außer dichtem, hellem Nebel. Ein Mädchen tritt durch diese Türe und verschließt sie hinter sich. Sie tritt in den dichten Nebel ohne sich nochmals umzuschauen. Mit jedem ihrer Schritte verschleiert der Nebel den kleinen Körper mehr und mehr - nach kurzer Zeit ist sie nicht mehr zu sehen. Sie ist für immer gegangen.
Dieses Mädchen bin ICH auf der Suche nach Frieden und Ruhe. Ein Spiegel meiner Seele, die sagt: „Ich kann nicht mehr!"

19.12.08
Mein schönstes Weihnachtsgeschenk habe ich schon heute bekommen. Meine zweite Nachsorgeuntersuchung ist positiv verlaufen. Die Notiz des Arztes „Kein Hinweis für ein Rezidiv" klingt wie Musik in meinen Ohren und ist Balsam für meine Seele. Der Arzt hat einen Ultraschall durchgeführt und keine Auffälligkeiten gefunden. Nun gibt es zwar keine Erklä-

rung für meine Unterbauchbeschwerden, aber er war zufrieden. Mit diesem Wissen haben sie auch schon nachgelassen. Die Psyche spielt in meiner Situation eine erhebliche Rolle. Der Lymphknoten unter der rechten Achsel, den er bei der letzten Untersuchung vor drei Monaten gesehen hatte, hat sich auch zurückgebildet. Soweit scheint alles gut zu sein. Ich kann mich etwas entspannen.

Was meine Hitzewallungen angeht, sagte mir der Arzt, dass ich mit 60% iger Wahrscheinlichkeit aufgrund der Gabe der Chemotherapeutika in den Wechseljahren bleibe. Wechseljahre mit 39 Jahren – das ist ja super – andererseits sicher das kleinere Übel.

Nachmittags bemerke ich einen unangenehmen Geruch in unserem Hausflur. Ich bin gerade auf dem Sprung, da ich mit Elias zum Abhorchen der Lunge zum Kinderarzt fahren möchte. Ihm geht es immer noch nicht gut und er hustet sich jede Nacht die Seele aus dem Leib. Ich ahne schlimmes und werfe einen Blick in den Waschkeller. Dort befindet sich eine Bodenklappe, die einen Zugriff zum Abwasserkanal ermöglicht. Meine Befürchtung bewahrheitet sich – in unserem Waschkeller ist Abwasser ausgetreten – die Wäsche, die ich noch waschen wollte, liegt in der stinkenden Jauche. Die Schränke, Waschmaschine, der Trockner, alles steht im braunen Abwasser. Ich drehe mich um und schließe die Kellertür. Mit einer neu gewonnenen Gelassenheit rufe ich meinen Mann an, damit er nach Hause kommt. Dann ziehe ich mich an und fahre zum Kindergarten, um Elias dort abzuholen und zum Kinderarzt zu fahren.

An keinem anderen Tag wie heute war es mir so bewusst, dass es hätte Schlimmeres geben können. In Anbetracht einer lebensbedrohlichen Krankheit relativieren sich Dinge, die man ansonsten als mittlere Katastrophe erlebt hätte.

Nach dem Kinderarztbesuch reinigen mein Mann und ich dann drei Stunden den Keller. Es ist eine widerliche Arbeit, aber wir kennen dies bereits von zwei Abwasserüberschwemmungen, die kurz nach unserem Einzug in unser Haus aufgetreten sind.

21.12.08

Manchmal, wenn ich älteren Menschen begegne, dann werde ich neidisch und denke: *sie haben ein langes Leben gehabt und ich weiß noch nicht, wie viel Zeit für mich noch vorgesehen ist.* Dann frage ich mich schon, warum ich so krank sein muss und andere Menschen sehr alt werden dürfen. Auf der anderen Seite registriere ich dann aber auch Unfälle, Kriege oder Natur- katastrophen, bei denen auch jüngere Menschen und sogar Kinder zu Tode kommen. Auf der Welt zu sein heißt nicht automatisch, ein Anrecht auf ein langes Leben zu haben. Oft gehen wir aber insgeheim doch davon aus und leben nicht so, als könnte es schon bald ein Ende haben. Ich bin dankbar dafür, dass ich bisher nicht plötzlich aus dem Leben gerissen wurde, sondern, auch wenn ich früher sterben sollte, wenigs-tens Zeit bekommen habe, gegebenenfalls mich, aber vor allem meine Familie darauf vorzubereiten. Ich bin dankbar, dass ich die Gelegenheit bekomme, Dinge zu erschaffen, die nicht vergänglich sind. Dabei denke ich an meine selbstgemalten Bilder und an dieses Buch, welches ich gerade schreibe. Ich möchte möglichst viel „erschaffen", sodass Elias sich später gut ein Bild von seiner Mama machen kann, wenn ich nicht mehr da sein sollte.

Wenn ich mich selbst versuche an mein sechstes Lebensjahr zu erinnern, dann erschrecke ich fast davor, wie wenig ich noch davon weiß. Ich möchte Elias noch möglichst lange erhalten bleiben. Der Gedanke, dass er sich aufgrund seines jungen Alters nicht mehr genau an mich erinnern könnte, macht mich sehr traurig.

23.12.08

Heute bekomme ich meine 22. Bestrahlung. Ich empfinde die Bestrahlung weiterhin als deutlich weniger belastend als die Chemotherapie. Während meiner Wartezeit komme ich mit einer anderen Patientin ins Gespräch, die sagt: „Diese Müdigkeit – ich könnte sofort einschlafen." Eine dritte Patientin nickt zustimmend.

Beide Frauen sind älter als ich und haben sicher keine kleinen Kinder mehr, die sie jede Nacht wecken. Ich fühle mich auch nicht gerade so, als könnte ich Bäume ausreißen, glaube aber, dass dies in erster Linie mit meinen nächtlichen Unruhen zusammenhängt. Elias weckt mich im Grunde weiterhin wenigstens einmal pro Nacht. Auch ohne Störung schlafe ich selten mehr als drei Stunden am Stück. Scheinbar verkrafte ich auch die Bestrahlung besser als andere Frauen. Die Haut im Bestrahlungsbezirk zeigt mittlerweile eine leichte Rot– bis Braunfärbung, ist aber nicht verbrannt. Über die Feiertage wird an fünf Tagen nicht bestrahlt, sodass sie sich jetzt auch wieder etwas erholen kann. Ich denke, ich komme durch die 28 Bestrahlungen ohne große Probleme durch.

24.12.08

Weihnachten – das Fest der Liebe, Besinnlichkeit, der Freude. Alle Jahre wieder feiern wir es in ähnlicher Tradition, doch in diesem Jahr ist es anders. Die Leichtigkeit und Ausgelassenheit, die sich normalerweise nach dem „vorweihnachtlichen Stress" bei mir einstellt, bleibt aus. Immer wieder versuchen sich dunkle Wolken vor mein Gemüt zu schieben, die die Gedanken *„Wie oft werde ich dies noch erleben dürfen? "* mit sich bringen. Mit aller Macht stemme ich beide Arme gegen die Wolken und versuche sie zurückzudrängen - *Geht weg! Ich will euch hier nicht sehen! Ich möchte einfach nur zufrieden und unbefangen sein.*

„Fröhliche Weihnachten, Gesundheit und Glück für das neue Jahr" – wie oft habe ich diese oder ähnliche Wünsche rund um Weihnachten und den Jahreswechsel geschickt bekommen oder selbst für andere Menschen formuliert. GESUNDHEIT – welch bedeutsames Gut. Seit meiner Erkrankung hat der Wunsch nach GESUNDHEIT eine neue Dimension erreicht. Die guten Wünsche, die häufig schon fast floskelhaft verwendet werden, bekommen ein anderes Gewicht. Kaum etwas scheint für mich derzeit wichtiger als Gesundheit und ein möglichst langes Leben.

Doch ab wann kann man davon sprechen, dass man gesund ist? Wann fühlt man sich gesund?

Wenn ich mich in ein paar Wochen wieder körperlich ganz fit fühle, bin ich dann auch gesund? Genau mit dieser Fragestellung wird ein Problem meiner Erkrankung deutlich – mein fester Glaube daran, dass mir mein Körper zeigt, wann er krank ist, ist erschüttert. Ich habe nicht mehr das Gefühl, den Signalen meines Körpers vertrauen zu können. Als der Krebs in mir wuchs und sich immer weiter vergrößerte, fühlte ich mich gesund. Ich hatte keine Schmerzen und nichts deutete darauf hin, dass etwas nicht stimmt. Plötzlich sitzt dort eine Ärztin vor mir und erklärt, ich sei lebensbedrohlich erkrankt. *Wie kann so etwas sein?*

Genau dieser körpereigene „Vertrauensbruch" führt nachhaltig dazu, dass Krebserkrankte im weiteren Verlauf ihrer Erkrankung fast Amok laufen, wenn sie irgendwo Schmerzen empfinden. Wenn ich mich trotz Krebs gesund fühlte, dann muss ich jetzt, wenn ich Schmerzen empfinde, richtig krank sein, sagt mir mein Gefühl. Es ist schwierig, sich wohl zu fühlen, auch wenn man keine Beschwerden hat, da ich jetzt weiß, dass sich der Krebs heimtückisch und unbemerkt im Körper ausbreiten kann. Wenn es dann tatsächlich zu Schmerzen kommt, ist der Krebs oft schon weit fortgeschritten.

Der heilige Abend, den ich im Kreise meiner Familie mit meinen Eltern, meiner Schwägerin und meinem Neffen verbringe, ermöglicht es mir dann doch noch, mich ein paar Stunden wohl zu fühlen und meine Sorgen zu vergessen.

27.12.08

Heute bekommen wir Besuch von einer Freundin mit Familie, die ich seit ein paar Wochen nicht mehr gesehen habe. Nach längerem Abwägen präsentiere ich mich erstmals außerfamiliär ohne Tuch oder Perücke, mit meinen ganz kurzen und noch nicht ganz dichten Haaren. Es ist wie eine Befreiung, sich wieder so zeigen zu können. Irgendwie finde ich es sowieso komisch, dass ich lange überlegt habe, ob ich anderen Menschen diesen Anblick zumuten kann. Mich hat auch niemand gefragt, ob ich alles ertragen kann.

Meine Freundin ist im ersten Augenblick etwas irritiert, aber dann ist es für alle völlig o.k.

30.12.08

In den letzten Tagen ist es sehr kalt und die Sonne scheint von einem strahlend blauen Himmel. Es zieht mich wieder „auf die Piste" und ich gehe täglich wenigstens 45 Minuten stramm im Wald spazieren. Wenn ich „meinen Auslauf" nicht bekomme, fühle ich mich wie ein Tiger im Käfig.

Heute Morgen mache ich mich bei minus 6 °C auf den Weg. Mit dem ersten kalten Atemzug und den ersten Sonnenstrahlen, die mich erreichen, erhellt sich mein Gemüt. Ich bin glücklich und sauge die klare Luft in mich ein. In Gedanken recke ich die Arme gen Himmel und rufe ganz laut: „Danke für den schönen Morgen". Der Raureif lässt die Blätter und Bäume wie gezuckert aussehen. Kleine Eiskristalle blitzen in der Sonne auf- es ist einfach wunderschön anzusehen. Leise singe ich während meines Spazierganges immer wieder die erste Strophe eines Kirchenliedes, welches ich aus meiner Kindheit kenne:

„Danke für diesen guten Morgen, danke, für jeden neuen Tag…". Ich habe mich schon lange nicht mehr so gut gefühlt.

31.12.08
Da drängt sich vielleicht die Frage auf, warum sich die Waage trotz der vielen positiven Aspekte zur negativen Seite neigt. Der Optimismus schafft es nicht, die Unsicherheit über das, was wird, zu besiegen.

Jahresrückblick 2008

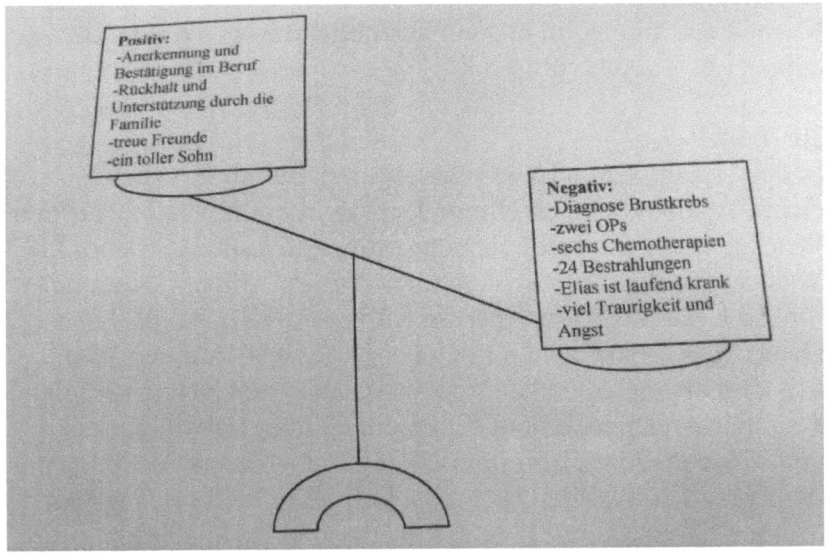

Jahresrückblick 2009

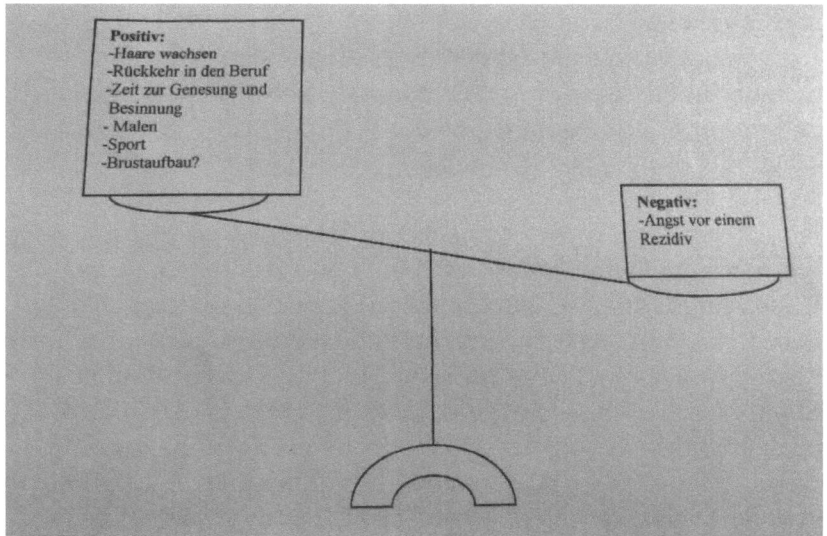

02.01.2009

Elias war heute bei einem Kindergartenfreund zum Spielen.
Der Junge hat einen 6 Monate alten Bruder. Beim Essen fragt
mich Elias, ob er auch irgendwann noch ein Geschwisterchen
bekommt. Er verhält sich immer sehr lieb zu kleinen Babys
und wäre sicher ein ganz großartiger Bruder geworden. Um es
für ihn leicht verständlich zu machen, erkläre ich Elias, dass
ich kein Baby mehr bekommen werde, da ich keine Brüste
mehr habe und es somit auch nicht stillen könnte. Darüber
hinaus erinnere ich ihn daran, dass ich ganz starke Medikamente bekommen habe und diese einem Baby im Bauch scha-
den würden. Er möchte wissen, wie lange die Medikamente

noch in meinem Körper sein werden und ich antworte ihm „bis zu zwei Jahren". Zwei Jahre nach einer Chemotherapie kann eine junge Frau sich überlegen, ob sie eventuell noch ein Kind bekommen möchte. Ratsam ist dies aber sicherlich grundsätzlich nicht.

Ich versuche Elias die Trauer etwas zu nehmen, indem ich ihn daran erinnere, dass er noch eine große Schwester hat, die auch zu unserer Familie gehört.

03.01.2009

Die letzten Tage waren sehr schön. Elias, Stephan und ich haben viel gemeinsam unternommen und zusammen gespielt. Elias Lunge ist stabil und mein Mann hat sich in den vergangenen Nächten um Elias gekümmert, wenn er wach war, damit ich die Chance hatte einmal mehr als ein bis zwei Stunden am Stück zu schlafen. Mein Nachtschlaf ist immer noch höchst problematisch. Ich schlafe kaum länger als zwei Stunden am Stück. Ständig überfallen mich Hitzewallungen, die mich dazu zwingen, mich komplett aufzudecken. Zeitweise schlafe ich dann erschöpft aufgedeckt ein und erwache kurz danach wieder frierend. Es ist sehr lästig.

Die Tage haben mir so besonders gut gefallen, da sie nicht von vornherein verplant waren. Es gab Raum für Spontaneität. Unser Leben vor der Diagnose „Brustkrebs" war derart vollgestopft mit Pflichtaufgaben, dass wir so gut wie nie die Gelegenheit hatten, uns spontan für Aktivitäten zu entscheiden. Fast jede Woche, jeder Tag war durch das Abarbeiten von Dingen geprägt, die zu erledigen waren. „Wir müssen dies machen, dann das, dann ist jenes fällig usw." – so darf unser Leben nie wieder werden. Ich funktionierte perfekt in der Rolle als Mutter, als Lehrerin, als Haushälterin. Für die Wahrnehmung und das Nachgehen meiner eigenen Bedürfnisse war kein Platz mehr.

Mit dem Gedanken, dass jeder Tag verplant sein könnte, jede Woche der Routine verfällt, kann ich nicht mehr leben. Es würde mir die Luft zum Atmen nehmen.

Die Bestrahlungen verlaufen weiterhin ohne Komplikationen. Wenn ich nachts nicht noch zusätzlich durch Elias geweckt werde, genügt mir eine halbe bis eine Stunde Schlaf am Nachmittag, um wieder fit zu sein.

Gestern habe ich mir eine fesche Mütze gekauft, die den Kopf zwar noch überwiegend bedeckt, aber an den Seiten schon einige Härchen hervorschauen lässt. Plötzlich sehe ich für die Umwelt wieder ganz gesund aus. Spontanheilung! Ich bewege mich nun irgendwie doch befreiter als mit den Tüchern. Gerade jetzt wird mir nochmals deutlich, dass wir Krebskranken uns durch das Tragen der Tücher in gewisser Weise „outen". Auch wenn ich in den letzten Wochen nicht mehr besonders darauf geachtet habe, wie mich die Menschen in meiner Umgebung ansehen, wenn ich mit meinem Tuch auf dem Kopf auf der Straße oder beim Einkaufen war, bin ich mir sicher, dass sich viele ihren Teil gedacht haben. Es ist herrlich, wieder in der Menge unterzugehen.
Auch meine Haustür habe ich heute erstmalig nach kurzer Überlegung einem Fremden ohne Kopfbedeckung geöffnet. Offensichtlich fand er mein Äußeres ganz „normal". Ich freue mich sehr, für die Öffentlichkeit bald wieder ganz gesund auszusehen. *Welch ein Fest es wird, wenn ich in wenigen Wochen einen Termin beim Frisör vereinbaren kann.* Eine Selbstverständlichkeit des Alltags gesunder Menschen wird für mich zum großartigen Erlebnis.

04.01.09

Es hat in der Nacht sehr viel geschneit. Alles ist weiß. Elias ist kaum zu halten und baut gleich morgens mit Papa einen großen Schneemann. Er ist insgesamt sehr aufgedreht, da er heute Morgen seinen ersten unteren Schneidezahn verloren hat und gespannt auf die Zahnfee wartet.

Am Nachmittag gehen wir drei gemeinsam auf den Spielplatz. Wir rodeln einen kleinen Hügel hinab und machen dann eine heftige Schneeballschlacht. Ich kann mich nicht erinnern, dass wir in den letzten Monaten eine vergleichsweise ausgelassene und gelöste Stimmung hatten. Es macht mir sehr viel Freude und ich genieße den Moment.

Ein Jogger kommt vorbei. Seinem Gesicht kann ich ansehen, dass er denkt: Was für eine glückliche Kleinfamilie.

Genieße Dein Leben

Weißt Du, wie es ist, wenn die Frühlingssonne
Dein Gesicht erwärmt?

Kennst Du das Bild, wenn die untergehende, glutrote
Sonne am Horizont im Meer versinkt und den
Himmel rosa färbt?

Weißt Du, wie es sich anhört, wenn der Regen auf das
Blätterdach des Waldes fällt?

Kennst Du den Geschmack einer aromatischen
Erdbeere im Sommer?

Weißt Du, wie es ist, wenn sich Dein Kind
verschlafen an Dich kuschelt und seine warme Wange
an Deine Wange drückt?

Kennst Du den Geruch von frisch geerntetem Heu?

LEBE BEWUSST!

05.01.09

Die 27. Bestrahlung steht auf dem Plan. Nach der Bestrahlung treffe ich zufällig wieder die Patientin, mit der ich schon wiederholt einige Worte gewechselt habe. Wir kommen ins Gespräch und sie fragt mich, ob ich nicht noch einen Kaffee mit ihr trinken möchte. Wir setzen uns in das Krankenhausbistro und tauschen unsere Krankengeschichten aus. Obwohl wir uns kaum kennen, scheinen wir diesbezüglich keine Geheimnisse voreinander zu haben. Sie ist sieben Jahre älter als ich und hat zwei größere Kinder. Es tut gut mit einer Frau sprechen zu können, die in einer ähnlichen Situation ist wie ich. Wir tauschen unsere Telefonnummern aus und werden sicher noch einmal miteinander Kontakt aufnehmen.

Wieder zu Hause angekommen machen Stephan und ich einen Spaziergang durch die traumhafte Winterlandschaft. Der Schnee hat sich wie ein kleiner Mantel um die Zweige der Bäume gelegt, als wolle er sie wärmen. Ich kann mich nicht satt sehen an diesem Naturszenario. Langsam verstehe ich, was Krebspatienten damit sagen wollen, wenn sie äußern, sie würden bewusster leben.

Beim Abendbrot berichte ich von meinem Treffen mit der anderen Patientin. Ich erzähle Elias, dass die Frau auch an Brustkrebs erkrankt ist wie ich. Er fragt mich, wo der Krebs bei der Frau saß. Ich erkläre ihm, dass er bei ihr in der linken Brust war und bei mir in beiden Brüsten. Seinen Augen sehe ich an, dass er irritiert ist und ich versuche ihn zu beruhigen, indem ich ihm sage, dass mein Krebs in der linken Brust ja noch ganz klein war und die Ärzte ihn gut entfernen konnten. Daraufhin fragt Elias: „War das noch ein Baby?" Er scheint sich den Krebs noch immer als kleines Tier vorzustellen. Ich knüpfe an ein Gespräch an, welches ich vor Wochen mit ihm geführt habe, bei dem ich ihm erzählte, dass er aus einer Zelle von mir und einer Zelle von seinem Papa entstanden ist. Dann mache ich eine Zeichnung und versuche ihm klarzumachen, dass Krebs aus körpereigenen Zellen entsteht, die plötzlich krank werden und sich dann verstärkt teilen und schnell wachsen. Noch bin ich mir nicht ganz sicher, ob er es jetzt verstanden hat.

06.01.09
Heute beginnt für mich ein neuer Lebensabschnitt – mit der 28. Bestrahlung, die ich heute bekomme, startet mein Leben <u>nach</u> der Brustkrebstherapie.
Rückblickend gibt es für mich drei Lebensabschnitte: mein Leben <u>vor</u> der Diagnosestellung Brustkrebs, die siebeneinhalb Monate unter der Therapie des Brustkrebses und nun das Leben nach der Therapie. Ich hoffe und bete, dass es für mich nun nur noch ein Leben <u>nach</u> der Therapie geben wird und dass ich nie wieder ein Leben <u>unter</u> der Krebstherapie leben muss.
Auch das Leben nach der Therapie wird sicher kein Spaziergang werden, da es immer von Ängsten begleitet sein wird, aber es bringt auch eine neue Chance mit sich, Routinen aufzubrechen und Blickwinkel zu verändern. Mein Leben nach der Therapie wird nicht wieder genauso werden, wie mein Leben vor der Diagnosestellung „Brustkrebs" und das ist gut so.
Es gibt keine Chance zu vergessen, denn mein Spiegelbild zeigt Narben, die zwar verblassen, aber nie unsichtbar werden. Jeden Tag schreit es mir auf ein Neues entgegen: „Du hattest Brustkrebs."

Sollte sich der Krebs doch noch nicht geschlagen geben, werde ich weiterkämpfen. Dann wird es eben wieder ein Leben unter einer Krebstherapie geben und ich werde sehr sehr böse mit ihm sein. KAPITULATION – dieses Wort existiert in meinem Wortschatz nicht.

Ich muss noch ganz lange leben, denn ich möchte viel Zeit haben, um Dir, meinem lieben Sohn, Liebe, Zuversicht, Selbstvertrauen und Stärke zu vermitteln. Ich möchte Dich wachsen sehen, erleben, wie es Dir in der Schule ergeht und Dich in den Arm nehmen und trösten, wenn Du Liebeskummer hast. Ich möchte Dir über Deine ersten Barthaare streicheln, mit Dir streiten, wenn Du die erste Zigarette rauchst und Dir immer eine Gesprächspartnerin und Freundin sein, wenn Dich Sorgen plagen. Ich will mit Dir feiern, wenn Du einen Berufs- oder Studienabschluss erhältst und vielleicht sogar irgendwann einmal Dein Kind in den Armen wiegen. Für Dich will ich leben – für Dich werde ich kämpfen.

22.05.2009 Mein Jahresrückblick auf ein Leben mit Brustkrebs

Mittlerweile sind viereinhalb Monate seit meinem letzten Eintrag in dieses Tagebuch vergangen. Ich habe den heutigen Tag für einen Rückblick ausgewählt, da ich genau heute vor einem Jahr erfahren habe, dass ich an Brustkrebs erkrankt bin. Ein Jahr voller Angst und Unsicherheit – das schlimmste Jahr meines bisher vierzigjährigen Lebens. Und dennoch – wie heißt es immer so schön: „Der Mensch wächst mit seinen Aufgaben." – ich hatte demnach die Aufgabe meine Lebensweise zu überdenken und gegebenenfalls zu ändern.
Welche Dinge haben sich nun tatsächlich durch diese „Wandlung" ergeben? Oberflächlich betrachtet hat sich vorerst nicht viel geändert, aber in meinem Innersten weiß ich, dass mein Leben dennoch nie wieder so werden wird wie vor der Erkrankung.
Ich lebe den Augenblick bewusster und erwarte mehr von der Gegenwart. Ich mache Dinge und Unternehmungen, die mich erfreuen, bei der nächstmöglichen Gelegenheit und versuche diese nicht mehr weit in die Zukunft zu verschieben. Meine Bildergalerie ist beispielsweise mittlerweile auf sieben selbstgemalte Bilder angewachsen und das nächste Motiv ist bereits ausgewählt. Ich passe besser auf mich auf, indem ich verstärkt wahrnehme, was mir gut tut und was mir nicht bekommt und versuche mich somit in positiver Hinsicht „zu pflegen".

Wenn mich jemand am heutigen Tag fragen würde, wie es mir geht, würde ich mit „Gut!" antworten. Das war in den vergangenen Monaten seit meinem letzten Eintrag leider nur sehr selten der Fall. Die Erholung ließ in dieser Zeit lange auf sich warten – es gab noch etliche Tiefpunkte und Probleme, die zu überwinden waren.

Elias Lunge stellte sich weiterhin als sehr instabil dar. Er hatte laufend Luftnot und Husten und nochmals eine Lungenentzündung. Die Nächte waren dementsprechend schlecht – mittlerweile ist sehr deutlich geworden, dass sich der Zustand seiner Lunge auf die Qualität seines Nachtschlafes auswirkt. Je schlechter die Lunge, desto unruhiger die Nächte. Was mich anbetrifft hat sich nichts daran geändert, dass es mir sehr viel besser geht, wenn Elias gut schläft. Mein Stressfaktor steigt jedoch wieder schnell an, wenn ich wiederholt nachts aus dem Schlaf gerissen werde und ich mich um ihn sorge.

Mitte April haben wir einen zweiwöchigen Urlaub auf Mallorca verlebt. Elias hatte gleich zu Beginn eine sehr schwere Mittelohrentzündung und benötigte leider wieder ein Antibiotikum. Dieses wirkte sich erfreulicherweise aber auch auf den Zustand seiner Lunge aus und seit der zweiten Urlaubswoche geht es ihm richtig gut. Nun kann er sogar seit unserer Rückkehr an einem Schwimmkurs teilnehmen, den wir schon einmal aufgrund seines Gesundheitszustandes abgesagt hatten.

Meine Erkrankung beschäftigt ihn „im Alltag" nicht mehr, aber vergessen, was gewesen ist, hat er nicht. Vor etwa zwei Wochen fragte er mich ohne ersichtlichen Anlass plötzlich mit tränenerstickter Stimme, ob ich bald sterben müsse und was passieren würde, wenn der Krebs zurückkomme. Ich versicherte ihm, dass es derzeit keinen Grund gäbe, an so etwas denken zu müssen und bat ihn, sich zu entspannen. Ich versprach, ihm zu sagen, wenn es einen Anlass gäbe, sich Sorgen machen zu müssen. Ich denke, dass es sich an dieser Stelle ausgezahlt hat, dass ich immer ehrlich zu ihm war. Elias weiß, dass er sich darauf verlassen kann, dass ich aufrichtig zu ihm bin. Er hat sich in dieser Situation dann recht schnell wieder gefangen. Ansonsten entwickelt er sich prächtig. Bei einem Einschulungstest für das nächste Jahr fragte man mich sofort, warum er nicht schon in diesem Sommer eingeschult werde. Er wirkte wohl „schulreif" auf die Lehrkräfte. Ich erwähnte kurz seine chronische Lungenerkrankung und zusätzliche private Gründe. Wir haben uns entschieden ihn erst im nächsten Jahr einzuschulen, da er im Oktober dieses Jahres 6 Jahre alt wird und er mit meiner Erkrankung im letzten Jahr auch viel durchgemacht hat.

Was meinen eigenen gesundheitlichen Zustand angeht, kann ich die letzten Monate auch nicht als „Spaziergang" bezeichnen. Gerade in den ersten Wochen nach der letzten Bestrahlung fühlte ich mich weiterhin durch fast stündliche Hitzewallungen belästigt, die mich auch nachts laufend wach werden ließen. Ich ließ mich von einem Arzt behandeln, der mich mit traditionell chinesischer Medizin, in meinem Fall mit Akupunktur und einer Kräutermischung, therapierte. Mittlerweile sind die Hitzewallungen weniger geworden bleiben aber leider noch nicht aus. Meine Hormonlage ist weiterhin wie bei einer Frau nach den Wechseljahren. Mit dem Abnehmen der Hitzewallungen ist auch mein Nachtschlaf wieder besser geworden. Ich bin zwar immer noch zwei- bis dreimal pro Nacht wach, schlafe aber in der Regel schnell wieder ein. Durch die erholsameren Nächte gelingt es mir seit unserem Urlaub wieder, auch morgens mit Elias und meinem Mann aufzustehen. Mittags lege ich mich nur noch in Ausnahmefällen hin – für mich ein großer Fortschritt, da ich daran die Steigerung meiner Kondi-tion fest mache.

Bis zu unserem Urlaub schloss sich ein Infekt an den nächsten an. Ich hatte acht Wochen lang Husten mit zunehmender Panik, dass dieser mit Metastasen in der Lunge zu tun haben könnte. In solchen Situationen verselbstständigt sich die Angst wieder und gerät außer Kontrolle. Dann denke ich wieder fast ausschließlich darüber nach, was wäre, wenn der Krebs zurückkommt und gerate darüber in Panik. Im Rahmen meiner dritten

Nachsorgeuntersuchung wurde dann ein CT der Lunge durchgeführt, durch das Metastasen ausgeschlossen werden konnten. Vom Zustand meiner bestrahlten Haut war mein Gynäkologe geradezu begeistert.

Darüber hinaus erkrankte ich an einer sehr schweren Mittelohrentzündung, die zu einer toxischen Innenohrschädigung führte, die wiederum therapiert werden musste. Ich lief nur noch von einem Arzt zum nächsten. Nach drei bis vier Wochen heilte diese dann Gott sei Dank auch folgenlos aus.
Seit unserem Urlaub bin ich gesundheitlich stabil und habe jetzt seit zwei Wochen wieder begonnen, Sport zu machen. Ich steigere meine Kondition auf unserem Crosstrainer und Ergometer und mache zusätzlich noch Pilates. Auch das Walken und Fahrradfahren gehen wieder zunehmend besser. Ich bin glücklich darüber, mich wieder fordern zu können.

Ein Ereignis am Anfang dieser Woche führte insbesondere dazu, dass ich mich spontan um ein riesen Stück gesünder fühlte – ich war zum ersten Mal seit Beginn meiner Erkrankung wieder in meiner Schule. Mein Gott war ich aufgeregt – meine Nervosität war schlimmer als am allerersten Arbeitstag in dieser Schule. Es war unglaublich schön, alle Kollegen wiederzusehen und ich wurde sehr herzlich aufgenommen. Die Verbindung zu den Kollegen war in dem Jahr nicht vollständig abgerissen, da ich mich hin und wieder mit einzelnen Kolleginnen getroffen hatte und ab und zu noch einmal eine Karte vom Kollegium bei mir eintraf. Über diese kleine Aufmerksamkeit habe ich mich immer sehr gefreut. Nun läuft die Planungsphase für meine Wiedereingliederung nach den Sommerferien an. Nach 14 Monaten werde ich somit wieder in meinen Beruf einsteigen. Dennoch werde ich, auch wenn ich wieder arbeite, gezielt darauf achten, dass mir Zeit bleibt, um gut für mich zu sorgen.

In der nächsten Woche habe ich einen Termin in einem Humangenetischen Institut zur Beratung einer Brustkrebs-genanalyse. Ich habe mich entschlossen eine Genanalyse machen zu lassen, da ich, sollte ich ein Brustkrebsgen haben, ein sehr hohes Risiko habe, an Eierstockkrebs zu erkranken. Sollte die Analyse positiv ausfallen, werde ich mir noch vorsorglich die Eierstöcke entfernen lassen. Wenn Elias später vielleicht einmal eine Tochter bekommen sollte, ist es für ihn bzw. sie ebenfalls sehr wichtig zu wissen, ob ein Brustkrebsgen in der Familie vorliegt.

Im August findet Elias Taufe statt, die wir schon mehrfach angedacht, aber letztendlich nicht organisiert hatten. Auch diese Feier war eine von den Ereignissen, die ich nun nicht mehr länger „auf die lange Bank" schieben wollte. Sehr intensiv habe ich dann darüber nachgedacht, wer als Taufpate für Elias in Frage käme. Ich bin mir sehr bewusst, dass es für mich durch meine Erkrankung noch wichtiger geworden ist, Taufpaten für ihn zu finden, die ihn sehr mögen und auf die er sich in schwierigen Situationen verlassen könnte. Mit meiner langjährigen Studienfreundin und ihrem zukünftigen Ehemann führten wir dann ein Gespräch, in dem ich deutlich machte, wie wichtig es mir ist, dass sie sich Elias annähmen, wenn uns etwas passieren würde. Ich bin sehr glücklich und dankbar dafür, dass sie sich nach ein paar Tagen Bedenkzeit bereit er-klärt haben, die Taufpatenschaft zu übernehmen.

Überdenke ich meinen Freundeskreis muss ich insgesamt sa-gen, dass sich keiner meiner langjährigen Freunde aufgrund meiner Erkrankung zurückgezogen hat. Es ist sehr schön zu bemerken, dass meine Freundschaften sogar eine derartig schwere Situation unbeschadet überstehen. Meine Erkrankung stand sowieso schon lange nicht mehr im Mittelpunkt unserer Gespräche.

Anfang Mai fand unser 20-jähriges Abiturtreffen statt. Ich hatte in den letzten Jahren mit keinem ehemaligen Mitschüler aus der Jahrgangsstufe noch Kontakt. Viele der Anwesenden äußerten sich lobend und überrascht über meine schicke Kurzhaarfrisur. Ich war einen Tag vor diesem Treffen zum ersten Mal seit der Chemotherapie wieder beim Friseur gewesen, um meine ca. 5 cm langen Haare in Form schneiden zu lassen und antwortete nun gegenüber meinen ehemaligen Mitschülern nur: „Danke für das Kompliment – ich habe diese Frisur noch nicht so lange aber finde sie sehr praktisch." Es war so schön, nicht mehr das Gefühl zu haben, etwas erklären zu müssen.

Im Laufe des Abends wurde ein Jahrgangsbuch von 1989 herumgereicht und wir registrierten in einer kleinen Gruppe, wer an diesem Abend fehlte. Unter anderem fiel unser Blick auf das Foto eines ehemaligen Mitschülers und ich hörte wie jemand sagte: „Daniel ist schon tot – er ist vor zwei Jahren plötzlich gestorben. Hatte irgendeinen Virus, der ihm das Herz in wenigen Tagen zerstört hat. Schade – war ein feiner Kerl." Dann wurde über das nächste Foto gesprochen. In diesem Moment dachte ich nur *so würden sie also bei ihrem nächsten Treffen in vielleicht 10 Jahren auch über mich sprechen, wenn ich zu dieser Zeit nicht mehr leben sollte. „Schaut mal, Corinna, die war doch beim 10- und 20-jährigen Treffen noch dabei – nun ist sie vor ein paar Jahren an Brustkrebs gestorben – schade."*

Ich betrachte meinen Jahresausblick 2009 vom 31.12.2008. Würde ich die Waagschalen heute belegen, so bekäme die negative Seite deutlich weniger Gewicht. Natürlich habe ich noch immer große Angst vor einem Rückfall, doch die positiven Seiten meines Lebens nehmen bereits wieder einen so großen Raum ein, dass der Optimismus es schafft, die Angst zu überdecken. Die Zeit heilt auch die seelischen Wunden und es kehrt langsam aber stetig wieder Normalität in mein Leben ein. Wie schön es doch ist, ein „normales" Leben führen zu können.

Mein Rezept für ein möglichst langes Leben mit (bzw. hoffentlich <u>nach</u>) Brustkrebs:

Man nehme:
1. eine positive Grundhaltung – „Alles wird gut!"
2. mindestens dreimal wöchentlich eine Stunde sportliche Bewegung an der frischen Luft
3. ungestörte Nächte mit ausreichend Schlaf (dies ist derzeit wohl eher ein Zukunftsgedanke)
4. täglich eine Prise Curcumin und schwarzen Pfeffer ins Essen
5. mehrmals täglich frisches, rohes Gemüse und Obst (dabei vor allem Beerenobst und gekochten Kohl in allen Variationen)
6. täglich eine Hand voll Cranberries
7. kurze Ruhephasen, die in den Tagesablauf fest eingeplant werden, um Kraft zu schöpfen (bestenfalls in Kombination mit einer Entspannungsübung)
8. Zeit, um zu malen, so oft es geht
9. regelmäßige Gespräche mit Menschen, die mir wichtig sind
10. Vertrauen in meinen Körper, der mir zeigt, was mir gut tut

Mai 2010 – ein weiteres Jahr ohne Krebs

Das zweite Jahr ohne Krebs ist geschafft – es war ein anstrengendes, aber auch ein sehr schönes Jahr.

Immer wieder gab es Phasen, in denen die Erkrankung viel Platz in unserem Leben einnahm und an der positiven Grundhaltung meines Rezeptes („Alles wird gut!") mächtig rüttelte.

Im September 2009 fiel mir ein neuer Knoten an der linken Brustwand, unterhalb der OP-Narbe auf. Fünf Tage, bis zum nächsten geplanten Nachsorgetermin, lebte ich mit der Angst, dass der Krebs wieder „Fuß gefasst" haben könnte. Der behandelnde Arzt machte mir nach der Ultraschalluntersuchung wenig Hoffnung auf ein positives Ergebnis – „Der Knoten muss raus.", sagte er ernst und schrieb mich sogleich auf seine OP-Liste. In einer ambulanten Operation mit Vollnarkose wurde der Knoten entfernt und ich musste nochmals zwei Tage warten, bis das Ergebnis der feingeweblichen Untersuchung des Pathologen vorlag – dann kam die überraschende Nachricht, dass der Knoten gutartig war. Die zehntägige Fahrt zur Hölle war beendet – die Erleichterung, die ich verspürte, ist nicht in Worte zu fassen.

Im Dezember 2009 bemerkte ich dann wiederum auf der linken Brustseite eine stark verhärtete und druckempfindliche Stelle, sowie zwei weitere neue Knoten in der Narbe. Es wurde eine Kernspinuntersuchung (MRT) durchgeführt. Die kleinen Knoten in der Narbe wurden als unbedenklich eingestuft – es sollte sich dabei um kleine abgekapselte Fadenreste der Operation von 2008 handeln. Bei der größeren druckempfindlichen Stelle wurde wiederum eine Operation zwischen dem Radiologen und dem Gynäkologen diskutiert – sie kamen nach mehrmaligem

Hin und Her zu dem Ergebnis, dass abgewartet werden sollte. Mich verunsicherte die Situation so sehr, dass ich mich entschied, mir eine dritte professionelle Meinung einzuholen. Ich stellte mich in der Medzinischen Hochschule Hannover vor. Die Ärztin, die mich dort behandelte, schaffte es, mir Zuversicht zu vermitteln.

Seit dieser Zeit sind drei Monate vergangen und die Auffälligkeiten haben sich alle zurückgebildet.

Aus dem Gespräch mit der Ärztin der MHH ergab es sich, dass ich mir nun zweimal jährlich ein Medikament (Zometa ®) infundieren lasse, welches aktuell in Studien als prophylaktisches Mittel gegen das Auftreten von Knochenmetastasen getestet wird. In den Leitlinien zur Behandlung von Brustkrebspatientinnen ist dieses Mittel bisher nur vorgesehen, wenn die Patientinnen bereits an Metastasen erkrankt sind – als vorbeugende Maßnahme haben die laufenden Studien sehr vielversprechende Ergebnisse gezeigt.

Die erste Infusion bekam ich im Januar 2010. Die Nebenwirkungen waren nicht unerheblich, da ich am folgenden Tag unter Schüttelfrost und Fieber litt.

Ende Mai 2009 ließ ich eine Brustkrebsgenanalyse in der Medizinischen Hochschule Hannover durchführen. Im November kam das ernüchternde Ergebnis - ich trage das BRCA1-Gen in mir und bin somit an einem familiären Krebs erkrankt. Das Gen habe ich über meinen Vater vererbt bekommen. Wie eingangs bereits erwähnt, ist meine Oma ebenfalls sehr jung an Brustkrebs erkrankt und bereits mit 52 Jahren an dem Krebs verstorben. Nur in 2,5-5% der an Brustkrebs erkrankten Frauen lässt sich ein BRCA1- oder ein BRCA 2-Gen nachweisen – *da hatte ich ja mal wieder richtig zugeschlagen.*

Die Folgeentscheidung lag auf der Hand. Ich musste mir die Eierstöcke entfernen lassen, um dem Risiko an Eierstockkrebs zu erkranken, welches statistisch gesehen auf mein Leben gerechnet bei 51% lag, zu entrinnen. Die Operation wurde im März 2010 durchgeführt.

Ich hoffe und bete, dass nun endlich Ruhe einkehren kann und nicht immer wieder neue Veränderungen in meinem Körper auftreten, die Anlass zu begründeten Sorgen geben.

Neben dieser hohen psychischen Belastung habe ich es seit August 2009 geschafft, in meinen Beruf zurückzukehren. Die Arbeit macht mir wieder viel Freude, bereichert mich und vermittelt mir das Gefühl, ein relativ „normales" Leben führen zu können.

Elias Gesundheitszustand hat sich im Vergleich zum letzten Winter etwas stabilisiert, wobei er immer noch unter seiner chronischen Lungenerkrankung zu leiden hat.
Meine Erkrankung hat keine negativen Spuren bei ihm hinterlassen – er ist ein sehr fröhliches, interessiertes und aufgewecktes Kind. Ich bin sehr glücklich darüber.
Im Umgang mit ihm bin ich meiner Linie treu geblieben und habe ihn weiterhin auf dem Laufenden gehalten, was meine Erkrankung anbetrifft. Er weiß, dass ich ehrlich zu ihm bin und das gibt ihm große Sicherheit.

Ich bin zufrieden mit jedem Tag, der mich mit keinen weiteren Ausnahmezuständen oder Katastrophen konfrontiert.
Meine Bildergalerie ist um weitere Bilder angewachsen und ich achte sehr viel mehr als früher darauf, was mein Körper braucht, um sich wohl zu fühlen.

Mehr und mehr wächst das Vertrauen in mich, dass ich es schaffe, noch viele Jahre gesund zu leben. Stets behalte ich mein Ziel im Blick – ICH WILL GESUND BLEIBEN UND LEBEN!

Teil 2

Brustkrebs 2.0

der Parasit schlägt wieder zu

Und hier kommt sie nun, die Fortsetzung meiner „Krebsgeschichte", die es, wenn es nach mir gegangen wäre, nie hätte geben sollen. Brustkrebs 2.0!
Mein gefasstes Ziel aus 2010, gesund zu bleiben und zu leben, habe ich somit nur teilweise erreicht. Ich lebe, bin aber leider nicht gesund.

Was bist Du nur für ein Geschöpf, das sich einfach so über 14 Jahre in meinem Körper einnistet und sich von mir nähren lässt, obwohl ich Dich nie eingeladen habe?
Falls Du es noch nicht gemerkt haben solltest– DU BIST NICHT ERWÜNSCHT!

Meine Tierliebe geht nicht so weit, dass ich Dich weiterhin in meinem Körper dulden werde! Zieh von dannen – Du PARASIT!!!

Doch was ist passiert in den 12 Jahren, seit dem Ende meines ersten Buches?

Erwähnenswert ist hier in erster Linie die Trennung und Scheidung von meinem nun Ex-Ehemann 2017 und meine Frühpensionierung mit dem Auftreten der ersten Metastase (=Tochtergeschwulst) 2017.
9,5 Jahre nach meiner Erstdiagnose hatte sich im unteren Hautbereich der linken Achselhöhle ein Knoten gebildet, der entfernt werden musste und sich leider bei der feingeweblichen Untersuchung tatsächlich als Metastase herauskristallisierte. Da der Ort des Auftretens untypisch war und die Metastase noch sehr klein und eingekapselt, entschloss man sich keine weitere Therapie folgen zu lassen.

Dienstag, 05.11.2019

Im Rahmen der Nachsorge werden in regelmäßigen Abständen mit der Fragestellung, ob Rezidive aufgetreten sind, unterschiedliche bildgebende Verfahren eingesetzt. Ein „Rezidiv" meint einen Rückfall nach einer Phase, in der keine Tumorzellen nachgewiesen werden konnten. Letztendlich geht es also um die Frage, ob der Krebs „wieder zugeschlagen" hat.

Gängig ist hier das Verfahren der Knochenszintigraphie, welche das Hauptaugenmerk darauf legt, ob sich in den Knochen Metastasen finden lassen.
Bei der Knochenszintigraphie „wird dem Patienten ein radioaktiv markierter Stoff (Radionuklid) über eine Vene injiziert, der sich bevorzugt im Knochen ablagert, und zwar umso stärker, je höher die lokale Stoffwechselaktivität ist. Die von dem Radionuklid ausgehende Strahlung kann dann gemessen und als Bild dargestellt werden." (https://www.netdoktor.de/diagnostik/szintigrafie/kno chenszintigrafie/ 21.12.2020)

Bei mir sollte heute jedoch ein PET-CT durchgeführt werden. „Die Positronen-Emission-Tomographie ist ein hochempfindliches Verfahren der nuklear-medizinischen Diagnostik, die mit radioaktiven Arzneimitteln arbeitet. Gegenüber anderen nuklearmedizinischen Verfahren, wird hierbei eine etwa 100-fach höhere Empfindlichkeit und eine erhöhte Ortsauflösung erreicht. Das heißt, dass Stoffwechselvorgänge früher und genauer im Körper sichtbar gemacht werden können als mit jedem anderen Verfahren. Die Haupteinsatzgebiete der Methode sind daher die Früherkennung, insbesondere bei Krebserkrankungen..." (https://www.radiologie.de/untersuchungsmethoden-im-uberblick/pet-und-pet-ct/21.12.2020)

Erstmalig bekomme ich nun heute dieses PET-CT. Das Ergebnis ist für mich ernüchternd, da man sehr deutlich mehrere auffällige Lymphknoten im Bereich der linken Achselhöhle erkennt. Diese haben das Mittel angereichert und sind somit verdächtig. Mit diesem Ergebnis hatte ich absolut nicht gerechnet, da ich selbst nichts habe ertasten können. Mein behandelnder Gynäkologe versucht die auffälligen Lymphknoten zusätzlich mit einem Ultraschallgerät aufzusuchen. Das ist die Voraussetzung dafür, dass überhaupt eine Operation stattfinden kann, da der Arzt Sicherheit haben muss, wo er zu schneiden hat. Die Lymphknoten sind im Ultraschall zu sehen und somit ist nun klar, dass ich mich am 20.11.2019 mal wieder unter´s Messer legen muss.

Innerlich bringt mich das Ergebnis ziemlich aus der Fassung, da ich nun mit dem Gedanken weiterleben muss, unheilbar erkrankt zu sein. Vor zwei Jahren hatte ich eine Metastase, die mir unter der linken Achselhöhle entfernt wurde, und nun schon wieder eine Ausdehnung des Krebses?! Meine Prognose (Überlebensrate) verschlechtert sich dadurch erheblich. Diese Gedanken sind furchtbar! Bisher hatte ich noch eine Chance, vom Krebs geheilt zu sein, jetzt bin ich unheilbar erkrankt und werde möglicherweise nur noch palliativ (Behandlung bei bestehender unheilbarer Erkrankung) behandelt. Eine Einbahnstraße, die bekannterweise nur noch in eine Richtung geht. Unklar ist nur, wie lange es dauert, bis es der Krebs geschafft hat.

Zeitlich kommt der OP-Termin extrem ungünstig, da geplant ist, dass ich am 12.11. einen kleinen Hund aus Ibiza übernehmen werde. Er heißt Camilo und ist ein Schnauzer-Yorkshire- Mischling im Alter von zwei Jahren aus dem Tierschutz. Ich freue mich so riesig auf den kleinen Kerl und überlege dennoch, ob ich nun der Organisation absagen muss.

Werde ich mich ausreichend gut um meine beiden Fellnasen kümmern können? Nach kurzer Zeit des Überlegens steht mein Entschluss fest – ich möchte mir diese Freude nicht nehmen lassen. Mein Leben ist noch nicht zu Ende! Ich möchte meinen Plan nicht aufgeben!

Camilo zieht am 12.11.2019 bei uns ein und bringt uns den Sonnenschein mit ins Haus. So ein aufgewecktes Kerlchen. Ich habe sehr viel Freude an ihm und schaffe es in der einen Woche, die mir bis zur OP verbleibt, ihm die wichtigsten Abläufe bei uns zu vermitteln und ihm den Start in unser Leben zu erleichtern.
Sehr schön erlebe ich diese Zeit, in der er es schafft, meine Situation in meinen Gedanken etwas zu verdrängen. Ich bin so damit beschäftigt, meine beiden Fellnasen in die Spur zu bringen, dass ich über mein eigenes Schicksal weniger nachdenke! Was für ein Geschenk!

Mittwoch, 20.11.2019
Heute ist der Tag der OP. Wie ich im Nachhinein erfahre, wurden mir 14 Lymphknoten aus der Achselhöhle entfernt. Ich verkrafte die OP recht gut und erwache mit einer Drainage aus dem OP-Feld, die die Lymphflüssigkeit ableitet. Es fließt in den nächsten Tagen viel Wundflüssigkeit nach, sodass die Drainage nicht gezogen werden kann.
Ich habe Heimweh und möchte so gerne zu meinen Hunden und meiner Familie nach Hause gehen können.

Der histologische Befund, der letztendlich den Verdacht auf Tumorzellen bestätigen würde, lässt auf sich warten. Der behandelnde Arzt hatte eine Bemerkung gemacht, die mich stutzen ließ. Er sagte, er sei gespannt auf das Ergebnis. Ich empfinde es nicht als günstig, dass er mir gegenüber signalisiert, dass es hier möglicherweise noch Zweifel gebe.

Eines Abends kommt die Brustkrebskrankenschwester, die ich bereits seit meiner Ersterkrankung 2008 kenne, in mein Zimmer und sagt, sie solle mir schöne Grüße vom Chefarzt ausrichten, der Befund sei da und es sei KEIN Krebs!
Es dauert eine Zeit, bis die Worte bei mir angekommen sind und ich realisiere, was sie da gerade gesagt hat. KEIN Krebs!? Das kann doch gar nicht sein! Ich kann mein Glück nicht fassen und kann es auch nicht glauben. Daher bitte ich die Krankenschwester, mir den schriftlichen Befund auszudrucken. Das muss ich mit eigenen Augen lesen.
Sie druckt mir den Befund aus und ich kann dort tatsächlich nachlesen, dass man in den Lymphknoten KEINE Tumorzellen gefunden hat. Das ist ein Wunder! Ein riesiges Geschenk!
Noch muss ich einige Tage im Krankenhaus bleiben, da weiterhin Wundflüssigkeit in die Drainage läuft. Ich kann es einfach nicht abwarten, dem Krankenhaus den Rücken zu kehren.

Mein Partner besucht mich mit den Hunden an einem Nachmittag und wir „feiern" das positive Ergebnis, indem wir mit einem Piccolo Sekt anstoßen. Wenn das kein Grund zum Feiern ist, dann weiß ich auch nicht.
Ich bin sehr glücklich meine Hunde zu sehen. Camilo erkennt mich sofort wieder.

Nach ca. einer Woche Aufenthalt wird mir die Drainage gezogen und ich darf endlich nach Hause. Was für ein fantastisches Gefühl!

Im weiteren Verlauf muss ich noch ca. 3-4 Mal ambulant in die Sprechstunde fahren, weil sich immer wieder Wundwasser im OP-Bereich sammelt und dieses punktiert werden muss. Es ist alles nicht einfach!

Meinen Arm kann ich nur bis zu Schulter anheben. Ich bekomme manuelle Therapie verordnet, sodass sich die Beweglichkeit in den nächsten Wochen nach und nach verbessert, bis ich den Arm wieder vollständig anheben kann.

09.08.2020-18.08.2020 Urlaub in Dänemark (Vorupør)
Elias und ich fahren in diesem Jahr erstmalig alleine mit dem Auto nach Vorupør in Dänemark. Hier ist im Grunde meine zweite Heimat, da ich diesen Ort seit meinem zweiten Lebensjahr fast jährlich besucht habe und ich mich dort absolut Zuhause fühle. In den Jahren meiner Kindheit war dieser Ort eine Konstante für mich, da mein Vater Offizier bei der Bundeswehr war und wir alle drei bis vier Jahre quer durch Deutschland umgezogen sind. Somit hatte ich ständig Ortswechsel zu bewältigen, aber Vorupør war unser Urlaubsort, den wir immer wieder konstant aufgesucht haben. Als ich dann später selbst Autofahren konnte bin ich mit Freundinnen oder Partnern immer wieder dorthin gefahren. Eine enge emotionale Verbindung ist entstanden.

Auch Elias ist mit neun Lebensmonaten das erste Mal mit meinem Ex-Mann und mir nach Vorupør gefahren und nun auch in dieser Regelmäßigkeit dort. Somit hat er ebenfalls inzwischen eine emotionale Bindung zu dem Ort entwickelt. Leider sind von unserem aktuellen Wohnort 650 km mit dem Auto zu bewältigen bzw. 7,5 Autostunden, wenn man keine großen Verkehrsbehinderungen auf der hoch frequentierten Autobahn hat. Lange war ich der Überzeugung, dass ich diese lange Strecke selbst gar nicht fahren kann, da ich aufgrund meiner chronischen Schlafstörungen immer zu erschöpft bin. Da aber nun die Trennung von meinem Lebenspartner erfolgt ist und er nicht mehr mit uns in den Urlaub fährt, musste ich mich entscheiden, ob ich es wage oder ob wir Zuhause bleiben. Das wollte ich auf keinen Fall, da die Atmosphäre in der

Trennungsphase mit meinem Expartner, der noch bei uns im Haus lebte, sehr belastend war.

Somit gehen Elias und ich das Wagnis ein und wir fahren gemeinsam mit unseren beide Hunden die weite Strecke bis zu unserem Lieblingsort. Es läuft besser als erwartet und ich bin ein bisschen stolz auf mich, dass ich es geschafft habe.

Am nächsten Morgen nach der Ankunft fahre ich in den Supermarkt vor Ort, um für uns ein paar Leckereien zum Frühstück einzukaufen.

Zwischen den Regalen stehend, bekomme ich plötzlich rechtsseitig sehr starke Nackenschmerzen, die sich über den Hinterkopf bis zur Stirn schieben. Dazu habe ich einen sehr üblen süßlich, fauligen Geruch in der Nase und habe das Gefühl, dass mir das rechte Bein weg sackt. Ich muss mich zwischen die Einkaufsregale hocken, weil ich nicht mehr richtig stehen kann und denke nur – na klasse, entweder du musst Dich hier gleich übergeben oder wirst ohnmächtig. Super, in einem fremden Land! Nach kurzer Zeit ist der Spuk vorbei und ich kann den Einkauf zu Ende erledigen. Ich schiebe das Ereignis darauf, dass ich mich wohl doch überanstrengt habe mit der Fahrt am Vortag, zumal ich in der Nacht wieder sehr schlecht geschlafen hatte.

Derartige Anfälle erleide ich in dem Urlaub und danach noch ein paar Mal, unter anderem auch mitten in den Dünen, wenn ich mit den Hunden unterwegs bin.

Mit dem Wissen von heute ist mir bewusst, dass dies die Vorboten und ersten eindeutigen Anzeichen dafür waren, dass mit meinem Kopf etwas nicht stimmte. Nur hatte ich derartige Gedanken in diesem Moment überhaupt nicht. Es waren vermutlich kleinste Krampfanfälle – furchtbar, was da hätte noch alles passieren können – auch auf der langen Rückfahrt! Manchmal ist es besser, man weiß von nichts!

Dienstag, 15.09.2020
Die Anfälle treten nun fast täglich auf. Es beunruhigt mich darüber hinaus, dass ich das Gefühl habe, nicht mehr richtig gucken zu können. Ich sehe selten Doppelbilder und kann nicht mehr richtig Autofahren, da sich vor allem auf der Autobahn die Linien verzerren. Die rechten Begrenzungslinien ziehen vor meinen Augen quer über die Fahrbahn. Auf der Rückfahrt von meiner Freundin auf der Autobahn überlege ich tatsächlich kurz, ob ich auf einen Rastplatz rausfahren und mich abholen lassen muss, weil ich derart unsicher werde beim Fahren. Gott sei Dank geht aber noch einmal alles gut!

Zur Abklärung gehe ich heute zum Augenarzt. Es werden die gewöhnlichen Tests durchgeführt, die jedoch keine Erklärung für meine Seestörungen liefern. Ich verweise im Gespräch mit der Ärztin auf meine Krankengeschichte und sage, man müsste jetzt vielleicht weiterführend untersuchen, ob sich nicht in meinem Kopf eine Erklärung finden ließe. Sie nimmt den Hinweis ernst und stellt mir eine Überweisung für eine Kernspin- oder Magnetresonanztomografie (MRT) aus.
Bei der MRT werden mit einem starken Magnetfeld und durch Radiowellen detaillierte Bilder des Körperinneren erzeugt. In der Krebsdiagnostik liefert die Magnetresonanztomographie Informationen über die Lage und die Größe eines Tumors.

Donnerstag, 17.09.2020
Erfreulicherweise habe ich sehr schnell einen Termin in einem ambulanten radiologischen Zentrum bekommen. Aufgrund meine Unsicherheit beim Autofahren - ich kann inzwischen auch die Abstände nicht mehr richtig einschätzen - bitte ich meinen Vater, mich zu der Untersuchung zu bringen.

Ohne an etwas Schlimmes zu denken, lasse ich das MRT über mich ergehen.

Nach kurzer Wartezeit bittet mich der Arzt in sein Sprechzimmer und klärt mich auf, dass sie einen großen Tumor in meinen Gehirn gefunden haben und dass ich im Grunde sofort zur weiteren Behandlung und Diagnostik in die Notaufnahme des Krankenhauses fahren muss. Sie gehen von einem eigenständigen Hirntumor aus. Ich falle aus allen Wolken. Mit so etwas habe ich absolut nicht gerechnet. Ich war davon ausgegangen, dass man mir sagt, ich bilde mir alles nur ein mit den merkwürdigen Attacken und Sehstörungen.

Das Bild auf dem PC, das ich von meinem Kopf sehe, ist schockierend. Ein Blinder mit einem Krückstock würde erkennen, dass da etwas im Kopf ist, das dort nicht hingehört! Ein riesen Ei zeigt sich im Stirnbereich.

Auch außerhalb des Arztzimmers zeigen sich die Angestellten auffällig fürsorglich. Es fühlt sich ganz merkwürdig an. Eigentlich soll ich gar nicht mehr nach Hause fahren.

Ich bespreche das Ergebnis mit meinem Vater und bitte ihn, mich kurz im Krankenhaus vorbeizufahren, damit ich weitere Schritte einleiten kann. Gesagt, getan.

Auf dem Flur treffe ich zufällig auf meinen behandelnden Onkologen, der sich sofort meiner annimmt und sich den Befund besorgt anschaut. Er lässt mich in seinem Sprechzimmer Platz nehmen und kommt dann mit der Information, dass ich mich am nächsten Tag bei dem Neurochirurgen vorstellen soll. Ich bin ihm unglaublich dankbar, dass er sich immer wieder so engagiert und empathisch um mich kümmert. Es ist keine Selbstverständlichkeit, denn immerhin hat der Arzt ja ausschließlich mit Krebspatienten zu tun. Dennoch fühle ich mich hier individuell wahrgenommen und betreut. Ein großes Geschenk!

Freitag, 18.09.2020
Der Termin bei dem Neurochirurgen steht an. Einer der wenigen Chefärzte, die ich in diesem Krankenhaus noch nicht kennengelernt habe. Aufgrund meiner zahlreichen Erkrankungen (Asthma, Allergien, Rheuma, Schilddrüsenüberfunktion, Bluthochdruck usw.) habe ich fast schon alle Ärzte unterschiedlichster Fachrichtung ambulant konsultiert.

Auch der Neurochirurg äußert sich sehr ernst und besorgt über meinen Befund. Sie vermuten tatsächlich einen eigenständigen Hirntumor, ein „Glioblastom". Auch er möchte mich eigentlich gar nicht mehr nach Hause gehen lassen. Aufgrund der großen Raumforderung in meinem Kopf, hat sich das Gehirn bereits verschoben und ich laufe Gefahr, jederzeit einen Krampfanfall zu bekommen. Prophylaktisch muss ich Kortison einnehmen, damit der Hirndruck gesenkt wird. Ich sage dem Arzt, dass ich zu Hause noch viel zu organisieren habe, unter anderem, wer sich um meine   beiden Hunde kümmert, wenn ich im Krankenhaus liege.
Er zeigt Verständnis, weist nochmals darauf hin wie wichtig die Kortisoneinnahme ist und fragt mich dann, ob er sich Sorgen machen müsse, dass ich mir jetzt etwas antue. Ich bin aufgrund dieser Frage konsterniert, erwidere jedoch, dass ich das sicher nicht tun werde.
Die OP soll am kommenden Dienstag stattfinden. Der Arzt klärt mich über die OP-Risiken auf. Zu den gewöhnlichen Risiken wie Entzündung und Blutung kommt bei dieser OP die Gefahr hinzu, dass ich hinterher neurologische Ausfälle habe, wie z.B. Halbseitenlähmung, Sprech- und Schluckstörungen u.a.

Ich verbringe das Wochenende mit dem Gefühl, dass es sein könnte, dass ich die OP gar nicht überlebe oder vielleicht danach halbseitig gelähmt in eine Rehabilitationsklinik verlegt werden muss. Das Gefühl ist kaum zu ertragen.

An den beiden Tagen Zuhause kümmere ich mich darum, dass sämtliche Termine der kommenden Woche verlegt oder vertreten werden und alles gut organisiert ist.
Meine Freundin kommt am Sonntag zu mir und wir sprechen die Patientenverfügung und alles weitere durch. Sie hat sich bereit erklärt, ggf. in meinem Sinne alles zu regeln und ich bin ihr unendlich dankbar dafür.
Bisher hatten wir jedoch noch nicht darüber gesprochen, wie meine Beerdigung ablaufen sollte, falls ich die OP tatsächlich nicht überlebe.
Weinend sprechen wir auch diesen Fall durch. So ganz sicher war ich mir bisher selbst nicht, wie ich mir das vorstellen würde. In diesem Moment entscheide ich mich dafür, verbrannt zu werden und dass dann meine Asche in einem Wald verstreut werden sollte. Da ich aber nicht abschätzen kann, ob es für Elias sehr wichtig wäre ein Grab zu haben, an das er zurückkehren kann, um mir nahe zu sein, bitte ich meine Freundin, das im Fall der Fälle mit Elias zu besprechen und sich dann nach seinem Wunsch zu richten. Sich darüber nun Gedanken machen zu müssen, ist auch kaum zu ertragen. Ich bin gerade mal 51 Jahre alt und bin schon jetzt gezwungen, mich ernsthaft mit meiner möglichen Beerdigung auseinander zu setzen. Das ist gruselig!

Wir verabschieden uns mit dem Gefühl nicht sicher zu sein, ob wir uns noch einmal wiedersehen. Auch beim Abschied von meiner Familie und Elias trage ich dieses Gefühl in mir. Es ist einfach nur schrecklich!

12 Jahre habe ich um meine Gesundheit gekämpft, habe mehrere tausend Euro beim Heilpraktiker für Mittel ausgegeben, die mich gesund erhalten sollten. Esse seit drei Jahren weder Fleisch noch Zucker und versuche immer sportlich aktiv zu sein. Ich trinke fast nie Alkohol, rauche natürlich nicht und versuche wirklich alles, um gesund zu sein. Leider ist die Rechnung nicht aufgegangen. Zwar weiß ich nicht, wie es gelaufen wäre, wenn ich mich anders verhalten hätte, aber von gesund bin ich zumindest jetzt weit entfernt.

Für Dich wollte ich leben – für Dich habe ich gekämpft! Es war mein einziges Ziel, möglichst noch lange für Dich da sein zu können – Dir als Fels in der Brandung zur Verfügung zu stehen. Als zuverlässige Konstante, die Dir Sicherheit und Stabilität in Deinem Leben bietet.

Montag, 21.09.2020
Heute erfolgt die Aufnahme im Krankenhaus zur Kopf-OP. Der Abschied von Elias und meinen Hunden fällt mir extrem schwer. Bin ich mir doch nicht sicher, ob ich die OP überstehe und darüber hinaus weiß ich nicht, in welchem Zustand ich mich dann befinde. Aufgrund des Coronavirus dürfen mich nur zwei Menschen im Krankenhaus besuchen, die ich von Anfang an festlegen muss. Ich entscheide mich für meinen Vater, der mir ggf. Sachen bringen kann, die ich brauche, und natürlich für eine Freundin Nadine, die im Fall der Fälle meine Betreuerin wäre und für mich entscheiden würde, wenn ich es nicht mehr kann.

Mein Vater fährt mich zum Krankenhaus. Wie er mir später erzählte, schaute er mir noch etwas nach, nachdem ich durch die Tür gegangen war und fragte sich, ob ich diese jemals wieder von der anderen Seite aus durchschreiten würde. Es war für uns alle ein schreckliches Gefühl.

Ich werde in ein Zweibettzimmer gelegt, zu einer älteren Frau, die nach einem Sturz auf den Kopf auch eine Kopf-OP hinter sich hatte. Sie kann nicht mehr richtig sprechen und hat Schluckstörungen. Irgendwie bekomme ich den Tag herum und lasse mir etwas zum Schlafen geben. Die nächsten zwei Tage werde ich dann auf der Intensivstation verbringen.

Dienstag, 22.09.2020
Der Zeitplan der OP wird eingehalten und es verläuft alles soweit gut. Ich erwache auf der Intensivstation und bin umgeben von Lärm. Überall habe ich Schläuche und Kabel. Einen Blasendauerkatheter, einen arteriellen Blutdruckmesser, einen zentralen Venenkatheter am Hals zur Verabreichung von Infusionen, Kabel zur EKG-Messung.
Mein rechtes Auge kann ich nicht öffnen, weil es komplett zugeschwollen ist. Ich habe ein riesiges Veilchen am rechten Auge.

Neben mir liegt ein älterer Mann, der nachts laut schnarcht. Die Unruhe um mich herum belastet mich stark. Ständig piepen Geräte, ständig laufen Menschen hin und her.

Die Ärzte kommen an mein Bett und fragen, ob ich alles bewegen kann. Später erzählt mir der Neurochirurg, dass er damit gerechnet hat, dass ich nach der OP neurologische Ausfälle (Lähmungserscheinungen, Schluck- oder Sprachstörungen o.ä.) haben werde. Es war eben eine große und riskante OP und ich bin sehr sehr froh und dankbar, dass ich nichts dergleichen habe.

Im Verlauf des Tages kommt meine Freundin Nadine an mein Bett. Auch sie ist sehr erfreut, dass wir uns bereits wieder unterhalten können. Ich freue mich sehr, sie zu sehen und bitte sie, Elias und andere meiner Angehörigen zu informieren, dass ich wach bin und bisher keine neurologischen Ausfälle habe.

Zwei Tage muss ich auf der Intensivstation aushalten. Am schlimmsten empfinde ich tatsächlich den Lärm um mich herum. Einmal werde ich kurz vor das Bett gestellt. Allein das fällt mir schwer.

Im Verlauf des Aufenthaltes dort kommt der Operateur noch einmal zu mir und berichtet, dass die histologische Untersuchung, entgegen der Annahme der Ärzte, keinen eigenständigen Hirntumor ergeben hat, sondern eine Metastase des Brustkrebses. Er sagte, dass dies ein deutlich besseres Ergebnis für mich sei.
Ein Glioblastom (eigenständiger Hirntumor), von dem die Ärzte zunächst ausgingen, hat eine durchschnittliche Überlebenszeit von ein bis zwei Jahren. Nur knapp 10 Prozent der Patienten überleben fünf Jahre, wie ich im Internet nachlesen konnte. Meine Prognose sei nun viel besser.

Freitag, 25.09.2020
Inzwischen liege ich wieder auf der Normalstation und bin sehr froh darüber. Nach und nach werden die Kabel reduziert und ich kann wieder aufstehen und zur Toilette gehen. Es fällt mir noch etwas schwer, aber ich bin froh über diesen Fortschritt. An ein Laufen außerhalb des Zimmers ist jedoch nicht zu denken. Ich bin dermaßen erschöpft, wie ich es von den anderen Operationen her nicht kenne. Alles fällt schwer! Man erklärt mir, dass dies tatsächlich mit der Besonderheit der Kopf-OP einher geht. Da sei es so und eine gewöhnliche Folge, dass man nicht so gut wieder auf die Beine kommt.
Auch erleichtert mich natürlich die Tatsache, dass es nun doch kein Glioblastom war. Mir war tatsächlich nicht klar, welche unterschiedliche Bedeutung diese beiden Möglichkeiten

(Glioblastom oder Metastase) für mich hatten. Gut, dass ich nicht vorab recherchiert habe!

Dennoch spüre ich auch mit dem Gedanken, dass der Krebs nun massiv zurückgekehrt ist, eine große Verzweiflung in mir. Meine Prognose hat sich nun ebenfalls deutlich verschlechtert. Lange Jahre galt ich als geheilt und bis zur Metastase vor zwei Jahren hat kaum noch jemand damit gerechnet, dass der Krebs noch in meinem Körper verweilt. Nun ist er massiv zurück und ich habe das Gefühl, dass ich den Kampf verliere. Ich kann nicht anders und denke auch über das Sterben und meine mögliche Beerdigung nach. Wie lange bleibt mir noch? Es sind furchtbare Gedanken und ich würde am liebsten Medikamente einnehmen, die dieses Gedankenkarussell stoppen. AUFHÖREN!!! Ich möchte Elias noch nicht alleine lassen müssen! Werde ich noch erleben, dass er sein Abitur macht und was aus ihm wird? Ich will noch nicht sterben müssen! Ich will diese Gedanken nicht!!!

Sonntag, 29.09.2020
Meine Eltern und Elias besuchen mich vor der Krankenhaustür, weil sie mich im Haus weiterhin nicht besuchen dürfen. Erfreulicherweise schaffe ich inzwischen den Gang bis vor die Tür des Krankenhauses. Ich bin überglücklich Elias zu sehen, habe aber etwas Sorge, dass ihn mein Aussehen belasten wird. Mein rechtes Auge kann ich inzwischen Gott sei Dank wieder vollständig öffnen, auch wenn ich immer noch etwas blau im Gesicht bin. Er erträgt den Anblick mit Fassung. Auch für ihn steht die Freude im Vordergrund, dass wir uns wiedersehen!

Und so hat Elias diese Ausnahmesituation erlebt (ein Beitrag von Elias).....

Was denkt man in dem Moment? Die ganze Welt bricht zusammen. Ich komme nach Hause. Ich war bei meinen Großeltern und habe Mama schon angeschrieben, "Was kam bei der Untersuchung raus?" sie schreibt:"Wir sprechen nachher!". Ich ahne nichts Böses, sondern spiele weiter Billard mit Opa und danach Karten. Nur nochmal kurz zu mir. Ich bin mittlerweile 18 Jahre alt und lebe alleine mit Mama in einem Haus. Zu dem Zeitpunkt war ich 16 Jahre alt. Ich gehe noch zur Schule, mache sehr viel Sport und sehe meinen Vater eigentlich nicht. Also kam ich nach Hause und sah Mama auf dem Sofa sitzen. Weinend. Ich dachte mir nur:"Oh nein. Bitte nicht!". Ich ging zu ihr und nahm sie in den Arm. Sofort lief mir eine Träne über die Wange. Sie sah mich an und hielt mich ganz fest. Es schien wie als wolle sie mich zerdrücken. Mama ist schon immer eine Person der klaren Worte. Mit schluchzender Stimme sagt sie:" Ich habe einen Tumor im Kopf". Mir fiel alles aus dem Gesicht. „Wie soll ich weitermachen? Was soll ich tun?" ging mir durch den Kopf. Ich litt unter einem kleinen seiteSchock. Mama hielt mich weiter im Arm. Eine ganze Weile saßen wir da so und sahen uns an. Ein paar Tage später musste sie ins Krankenhaus. Ich ging zu meinem Vater in eine eigene Wohnung. Schule war erst mal für mich abgeschrieben. Ich verbrachte viel Zeit draußen und dachte an Mama. Wir schrieben jeden Tag. Ich machte mir so viele Gedanken. Ich erinnerte mich an alte Urlaube. An Sachen, die wir erlebt haben. Wie wir zusammen wandern waren. Man lernt die einfachen Momente viel mehr zu schätzen, wenn man Angst hat, dass sie enden. Ich dachte an die Sachen, welche wir nicht mehr zusammen erleben könnten. Ich hatte einfach

Angst. Aber ein Spruch, den Mama immer zu mir sagte, kam mir in diesen Momenten in den Kopf. „Wir sind Plaßmänner! Wir schaffen das! Wir haben schon immer alles durchgestanden!"

Es war kurz vor meinem Geburtstag. Genau davor sollte die OP sein. „Super. Ich bin richtig in Feierlaune", dachte ich mir. Am Tag der OP bin ich von meinem Vater aus zu meinen Großeltern gelaufen. Wir haben gespielt, aber ich war mit den Gedanken nicht bei der Sache. Ich rief in Dauerschleife bei Nadine (Mamas Freundin) an um zu wissen, ob Mama wach ist und was passiert ist. Als ich Nadine dann ans Telefon bekam und sie mir sagte, Mama sei wach und die OP sei gut verlaufen. Brach ich erneut in Tränen aus. Zu dem Zeitpunkt saß ich mit meinem Großvater im Auto und als ich ihm sagte, dass sie wach war, brach er in Tränen aus. So etwas habe ich noch nie von ihm gesehen. Die ganzen Ängste und die Sorgen fielen auf einmal ab und ich dachte mir:" Sie ist eine Plaßmann! Sie hat es geschafft! Wir haben es geschafft!

Das größte Geschenk für mich war es, als Mama noch vor meinem Geburtstag das Krankenhaus verlassen durfte. Ich hab mich noch nie über etwas so sehr gefreut, wie über ihr Gesicht am Morgen des 8.10.

Mittwoch, 30.09.2020

Endlich ist es soweit! Ich werde entlassen! Inzwischen ist geplant, dass ich Bestrahlungen des Kopfes erhalten muss, da zwei kleine auffällige Stellen im Kopf verblieben sind. Der Arzt sagte, das wäre eine Therapiemöglichkeit, anderenfalls müsste man noch einmal nachoperieren. Das könnte ich mir nun gerade gar nicht vorstellen. Dann doch lieber bestrahlen.

Meine Kondition ist inzwischen wieder etwas besser, doch der Weg durch das sehr große Krankenhaus erscheint mir dennoch als Herausforderung. Als ich mich mit meinem gepackten Koffer und meinem Rucksack von den Krankenschwestern verabschieden möchte, fragen sie mich, ob sie nicht doch lieber einen Transportdienst bestellen sollen, der mich zum Ausgang begleitet. Ich lehne zunächst ab, doch dann lenke ich ein. Fällt mir doch alles immer noch schwer.
Der Hol-und Bringedienst kommt mit einem Rollstuhl um die Ecke. Das kommt für mich jedoch nicht in Frage, mich mit einem Rollstuhl zum Ausgang fahren zu lassen. Mein Ehrgeiz hat mich gepackt und ich habe mir fest vorgenommen, auf meinen zwei Beinen das Krankenhaus wieder zu verlassen. Somit nimmt der Herr nur mein Gepäck und ich laufe nebenher. Der Weg fällt mir tatsächlich nicht leicht, aber ich schaffe es. Glücklich darüber lasse ich mich von meinem Vater abholen.
Die Wiedersehensfreude mit den Fellnasen zu Hause ist riesig! Ich bin sehr glücklich, nun wieder daheim zu sein. Das Größte ist es für mich natürlich, Elias wieder in die Arme schließen zu können!

Montag, 09.11.2020

Heute steht mal wieder ein Termin der Krebsnachsorge beim Gynäkologen an. Im Rahmen dieser Nachsorge wird regelmäßig ein Ultraschall der Brustwände durchgeführt, um auffällige Lymphknoten zu entdecken.

Der Arzt schallt die Brustwände und verbleibt mit dem Ultraschallgerät verdächtig lange an einer Stelle stehen. In mir wächst ein ungutes Gefühl. Kurz darauf äußert er seinen Verdacht, dass der eine Lymphknoten auf der linken Seite entartet ist, dass sich eine weitere Metastase gebildet hat.

Ich habe das Gefühl, zusammenbrechen zu müssen. Das darf doch alles nicht wahr sein! Das Mistvieh macht mich fertig! Noch habe ich noch nicht einmal die ganzen Nachwehen der Kopf -OP überstanden.

Wir einigen uns auf einen OP-Termin am 19.11.

Donnerstag, 19.11.2020
Völlig frustriert mache ich mich heute Morgen erneut auf den Weg ins Krankenhaus. Mein Gott, ist das alles anstrengend!

Die OP verläuft ohne besondere Vorkommnisse. Der Arzt hat einen guten Job gemacht!

Mit Spannung wird das feingewebliche Ergebnis des Labors erwartet. Sollte ich noch einmal vom Glück beschenkt werden und der Arzt hat sich getäuscht? Die Hoffnung stirbt zuletzt...

Montag, 23.11.2020
Die Hoffnung ist gerade gestorben - das Ergebnis der histologischen Untersuchung des Lymphknotens ist da. Es ist eine weitere Metastase! Der Parasit trachtet mir nach dem Leben.

Scheinbar hat er sich hie und da in meinem Körper ein gemütliches Plätzchen gesucht.

Das Thema Chemotherapie wird erneut thematisiert. Furchtbar! Schrecklich! Haarverlust, Übelkeit, Erschöpfung – alle

Horrorszenarien kommen mit Macht zurück in meinen Kopf. Wie soll ich das alles auch noch ertragen können???

Montag, 14.12.2020

Was ist das nur für eine besondere Zeit? Da reicht es nicht, dass man eine lebensbedrohliche Erkrankung hat und sich dennoch nicht mit Freunden treffen kann, da man zu den Hochrisikopatienten zählt und extrem gefährdet ist, sich das Coronavirus einzufangen, welches dem Leben dann voraussichtlich ein Ende macht. Zahlreiche Menschen erkranken derzeit durch Vereinsamung oder aufgrund von existentieller Not und Sorgen an einer Depression und ich kämpfe zudem noch um mein Leben, habe gerade eine Trennung vom Lebenspartner durchlebt und weiß auch ansonsten nicht, wo mir der Kopf steht.

Das Coronavirus bedroht unsere Gesellschaft nun bereits seit Monaten und führt immer wieder dazu, dass das gesellschaftliche Leben mal mehr und mal weniger stark eingeschränkt ist.
Ich habe mir vorsorglich für den 23.12. einen Termin in einem Fachgeschäft für Perücken besorgt und werde morgen das entsprechende Rezept von meinem Onkologen ausgehändigt bekommen.
Seit gestern wurde nun über die Medien verbreitet, dass ab Mittwoch (16.12.) wieder alle Geschäfte schließen müssen, die nicht zu Lebensmittelgeschäften, Drogerien etc. gehören sowie Friseure, Kosmetiker und andere Dienstleister. Panik beherrscht mein Inneres seit gestern. Wird es nun so sein, dass mir die Haare nach der Chemo- und Immuntherapie am Donnerstag ausfallen und ich kann mir noch nicht einmal eine Perücke besorgen, weil das Geschäft geschlossen hat? Ich drehe durch! Irgendwie geht es immer noch schlimmer!

Voller Panik überlege ich, mir schnell noch am Montag ein Rezept zu besorgen und einen Termin in dem Geschäft zu machen.

Nun habe ich heute dort angerufen und voller Freude zur Kenntnis genommen, dass man in dem Geschäft, wenn man ein Rezept vorlegt, weiterhin, trotz Lockdown, bedient wird, und dass sie sowieso keinen Termin mehr frei gehabt hätten heute. Was für eine Erleichterung, dass ich, wie geplant, nun am 23.12. dorthin fahren kann! Die Perücke zählt zu den Hilfsmitteln des täglichen Bedarfs und somit darf das Geschäft weiterhin Kunden bedienen.

Donnerstag, 17.12.2020
O.k., Du Parasit, heute ist MEIN Tag! Heute bekommst Du erheblich eins auf die Mütze!

Meine erste Immun- und Chemotherapie steht an. Ich werde das Immuntherapeutikum „Atezolizumab" in Kombination mit dem Chemotherapeutikum „Abraxane" bekommen. Bei mir sind die Therapiemöglichkeiten sehr eingeschränkt, weil mein Tumor besondere Eigenschaften hat und nicht viel infrage kommt. Ich habe einen triple-negativen Tumor, erfreulicherweise liegen aber die Rezeptoren vor, die ich benötige, um überhaupt die zielgerichtete Immuntherapie bekommen können. Sie nennt sich zielgerichtete Anti- PD-L1-Immuntherapie.

Die Internetseite: „Es geht um mich – Behandlungsmöglichkeiten des metastasierenden Brustkrebs" erklärt den Wirkmechanismus verständlich: „Bei der körpereigenen Immunabwehr spielen T-Zellen (auch „T-Lymphozyten"), eine Gruppe weißer Blutzellen, eine wichtige Rolle. Sie können körperfremde Proteine erkennen und bekämpfen. Dem entgegen steht das Molekül PD-L1 (Programmed Cell death). Dieses Molekül ist auf manchen

Tumorzellen vorhanden und behindert die Bekämpfung des Tumors durch das Immunsystem. Eine Anti-PD-L1-Therapie wirkt dem durch Antikörper entgegen. So wird die Bekämpfung des Tumors durch T-Zellen- wieder ermöglicht. Diese Krebsimmuntherapie wird bei triple-negativem, lokal fortgeschrittenem oder metastasiertem Brustkrebs in Verbindung mit Chemotherapie eingesetzt. Zuvor muss der PD-L1-Status des Tumors getestet werden."
(https://www.esgehtummich-brustkrebs.de/behandlung-metastasierter-brustkrebs?utm_source=Google_Ads&utm_medium=Search&utm_campaign=esgehtummich&utm_term=immuntherapie%20 brustkrebs?utm_content=Ad_18, 17.12.2020)

Die Bestimmung dieses Status war bei mir mal wieder ein kleines Abenteuer- einfach kann jeder. Die Metastase aus dem Gehirn wurde zur Untersuchung in ein Institut nach Hamburg geschickt, aber erst im Nachhinein erfuhr ich, dass das Gewebe wohl nicht gut geeignet sei, um den PD-L 1-Status zu untersuchen. Auch die Chemotherapie, die ich aktuell bekomme, wirkt im Gehirn nicht, weil das Mittel die Blut-Hirn-Schranke nicht überwinden kann. Da gibt es wohl nur einige spezielle Chemotherapeutika, die dazu in der Lage sind. Die Blut-Hirn-Schranke ist eine gesunde Barriere zwischen unserem Blutsystem und dem Zentralen-Nervensystem. Sie schützt das Gehirn und Rückenmark vor dem Eintritt von Krankheitserregern, Giften und Botenstoffen, die mit dem Blut durch den Körper „schwimmen". Dennoch werden vom Gehirn und Rückenmark benötigte Nährstoffe zugeführt und Stoffwechselprodukte abgeführt.
Aufgrund dieses Schutzmechanismus des Gehirns, wird die Behandlung durch Medikamente jedoch erschwert, da diese Wirkstoffe die Schranke dann nicht passieren können.

Letztendlich konnte der Status aber an dem Lymphknoten getestet werden, der mir am 19.11. aus der linken Achselhöhle operiert wurde. Wenigstens etwas Gutes hatte das! Nun konnte die Planung der Therapie endlich losgehen. Auch die Ärzte waren sehr erleichtert, dass ich die nötigen Rezeptoren ausweise, denn es gab wohl kaum sinnvolle Alternativen zu dieser Behandlung.

Heute habe ich die erste Immun- und Chemotherapie infundiert bekommen. Wie bereits vor 12 Jahren ging ich, ausgestattet mit Filmmaterial, Büchern, Essen und Tee auf die Onkologische Station. Die Infusion der Mittel hat ca. drei Stunden in Anspruch genommen. Als das Chemotherapeutikum über eine Venenverweilkanüle einlief, musste ich meine Hände mit Baumwollhandschuhen geschützt, unter ein großes Kühlpack legen. Das Mittel führt wohl häufiger zu Sensibilitätsstörungen in den Händen und diese Nebenwirkung wird durch das Kühlen etwas verringert. Durch die Kälte ziehen sich die Gefäße in den Händen zusammen, die Durchblutung sinkt und dadurch wird nicht so eine große Menge des Medikamentes durch die Gefäße geleitet. Dies soll in der Folge zu einer besseren Verträglichkeit führen.

Ich fühle mich während der Infusion soweit gut und kann auch direkt nach der Behandlung etwas essen. Wieder zu Hause angekommen, freue ich mich sehr darüber, sogar die Kraft zu haben, mit meinen beiden Hunden Gassi zu gehen. Damit hatte ich überhaupt nicht gerechnet. Es tut mir geradezu gut. Ich denke, es ist sehr wichtig, der Sache mit einer positiven Grundhaltung zu begegnen. Erst einmal davon ausgehen, dass alles gut wird! Nicht darauf warten, dass schlimme Nebenwirkungen auftreten müssen und ständig in sich hineinhören. Dennoch bin ich gespannt, wie es morgen so wird. Ich habe für morgen wieder Kortisontabletten und ein

Medikament gegen Übelkeit verordnet bekommen. Wir werden sehen.

Am 28.12. bekomme ich bereits die nächste Chemotherapie und dann eine Woche später wieder die Kombinationstherapie!

Du verlierst, Du Parasit!!!! Zieh von dannen!

Freitag, 18.12.2020
Meine Nacht war nicht gut, aber das war nach den 12 mg Kortison, die ich gestern infundiert bekommen habe, auch nicht zu erwarten. Kortison verhindert guten Schlaf. Da ich gewöhnlicherweise sowieso unter sehr starken Schlafstörungen leide, war dieses Ergebnis vorhersehbar.

Aber ich verspüre keine Übelkeit, die als Nebenwirkung der Behandlung hätte auftreten können, und ich schaffe es, mit meinen beiden Fellnasen eine normal lange morgendliche Gassirunde bei schönstem Wetter zu drehen. Ich empfinde es als ein Geschenk, dass ich mich gut genug fühle, in meinen normalen Alltag starten zu können. Alleine das macht mich glücklich – ein annähernd normales Leben und nicht durchgehend im bewussten Ausnahmezustand leben zu müssen.

Nach der Gassirunde und meinem Frühstück sowie anderer Kleinigkeiten, die ich erledigt habe, muss ich mich dann aber doch noch einmal ein bisschen hinlegen und ausruhen. Danach gehe ich gestärkt wieder in den Tag und fahre mit meinem Sohn einkaufen. Auch der Rest des Tages ist gut zu händeln, sodass ich sehr zufrieden bin.

Samstag, 19.12.2020

Am gestrigen Abend habe ich mir eine Schlaftablette gegönnt, weil ich gestern zum Abend hin noch einmal 4 mg Kortison habe einnehmen müssen. Noch eine schlaflose Nacht wollte ich nicht ertragen müssen. Erfreulicherweise habe ich dann tatsächlich endlich einmal gut geschlafen. Wie herrlich!

Auch heute starte ich mit einer Gassirunde bei schönstem Sonnenschein in den Tag. Es ist für mich so schön, dass ich meiner Gewohnheit nachgehen kann.

Anschließend Frühstück mit meinem Sohn und ein paar Dinge abgearbeitet, dann musste ich mich gegen Mittag aber doch noch einmal eine Stunde ausruhen. Danach verlief der Tag wie geplant. Elias und ich haben ausnahmsweise schon heute unseren Tannenbaum gemeinsam aufgestellt und geschmückt. Normalerweise machen wir das immer erst am 23.12., aber da in diesem Jahr nichts normal ist, weichen wir auch diesbezüglich von unserer Gewohnheit ab.

Insgesamt bin ich wieder relativ happy mit dem Tag, da ich keine eindeutigen Nebenwirkungen der Behandlung habe und ich mich insofern nicht besonders eingeschränkt fühle.

An dieser Stelle möchte ich allen Mut machen, so eine Behandlung auf sich zukommen zu lassen. Man kann einfach nicht vorhersehen, welche Auswirkungen eine Chemotherapie hat, da die Nebenwirkungen sehr von den Mitteln, der Dosis und der persönlichen Konstitution abhängen. Es ist nicht wirklich vorhersehbar, weil jeder Mensch individuell anders reagiert.

Vor zwölf Jahren, als ich meine erste Chemotherapie über mich ergehen lassen musste, konnte ich an den beiden ersten Tagen nach der Behandlung das Bett bis nachmittags nicht verlassen, so erschöpft war ich. Erst nachmittags habe ich dann meinen vierjährigen Sohn vom Kindergarten abgeholt und mich um ihn gekümmert. Auch jetzt war ich eher davon ausgegangen, dass ich zunächst „ausgehebelt" bin, was nun aber bisher nicht der Fall ist. Ich hoffe, dass es so gut weitergeht.

Mein Arzt hat mir auch am Donnerstag nach der Behandlung gesagt, dass diese Chemotherapie mit der Chemo von vor 12 Jahren nicht vergleichbar ist, da sie viel geringer dosiert ist. Das ist möglich, weil zusätzlich das Immuntherapeutikum verabreicht wird. Hier kommt mir die Zeit entgegen, in der die Medizin die Mittel weiterentwickelt hat.

Ein Rezept für eine Perücke habe ich dennoch prophylaktisch erhalten. Am nächsten Mittwoch fahre ich mit meiner Freundin in ein Perückenstudio, in dem ich mir auch vor 12 Jahren eine sehr ansprechende Perücke ausgesucht habe. Aktuell gehe ich aber gar nicht davon aus, dass ich eine Perücke benötigen werde, sondern versuche optimistisch in die Zukunft zu schauen. Es wäre zu schön, wenn ich meine Haare nicht wieder verlieren würde....

Sonntag, 20.12.2020
Meine Nacht war wieder durch mehrfache Unterbrechungen wenig erholsam. Erfreulicherweise lag ich aber nicht länger wach. Dennoch fühle ich mich heute tendenziell müder als an den anderen beiden Tagen seit der Therapie. Die Gassirunde am Morgen habe ich anstrengender empfunden und auch ansonsten strengt mich der Tag mehr an, sodass ich mich vorhin noch einmal eine Stunde hingelegt habe. Vermutlich habe ich es mit meinem Aktionismus gestern und vorgestern etwas übertrieben, sodass ich heute gut daran tue, mir etwas mehr Ruhe zu gönnen. Dennoch bin ich zufrieden. Mein

Magen ist in Ordnung und ich habe auch ansonsten keine
Beeinträchtigungen, die mir wirklich zu schaffen machen.

Montag, 21.12.2020
Der Tag fühlt sich ähnlich an wie der gestrige. Ich finde alles
ein bisschen anstrengend. Darüber hinaus habe ich aber keine
gesundheitlichen Einschränkungen, was natürlich sehr positiv
ist.

Dienstag, 22.12.2020
An manchen Tagen schaffe ich es einfach nicht, die dunkle,
düstere Wolkendecke in meinem Gemüt beiseitezuschieben.
Immer wieder drehen sich meine Fragen im Kopf im Kreis –
wie lange werde ich noch leben? Ist es vielleicht das letzte
Weihnachtsfest, dass ich erleben darf? Wie lange ist es mir
noch möglich, Dich, meinen Schatz, zu begleiten? Fragen über
Fragen, auf die mir aktuell niemand eine Antwort geben kann.
Der Verlauf von Krebserkrankungen ist derart individuell, dass
niemand vorhersagen kann, wie es weitergeht. Immer wieder
werde ich mit Plattitüden konfrontiert – „Du musst stark sein,
musst kämpfen!" Ich kann es nicht mehr hören und meistens
kommt es von Menschen, die in einer gesundheitlichen
Komfortzone leben und die überhaupt nicht nachempfinden
können, wie es sich anfühlt, so krank zu sein. Und niemand,
der es nicht am eigenen Leib erfahren hat, kann es wirklich
nachempfinden.

Der Chefarzt der Neurochirurgie, der mich operiert hat, bringt
es auf den Punkt- „Sie werden bis ans Ende Ihres Lebens
kämpfen müssen!"
Und was, wenn ich aber gar keine Lust und Kraft mehr habe,
so ein Leben zu führen? Wenn ich selbst Angst davor habe,
bald an einen Punkt zu kommen, an dem ich aufgebe und mich
dem Krebs ausliefere? Ich habe das Gefühl, dass dies der

Anfang vom Ende wäre. Wenn ich dem Krebs nicht mehr die Stirn biete, dann habe ich verloren. Aber woher soll ich die Energie nehmen, um ein Leben zu kämpfen, dass mir seit Monaten gar nicht mehr wirklich lebenswert erscheint? Es fühlt sich nicht wie leben an, sondern nur noch wie aushalten. Immer geht es nur darum, den Alltag noch zu schaffen.
Diese Gedanken sind zermürbend! Ich möchte sie aus meinem Kopf herausschneiden können und wegwerfen! Lasst mich in Ruhe! Es fühlt sich furchtbar an!

Mittwoch, 23.12.2020
Heute habe ich den Termin in dem Zweithaarstudio, um mir eine passende Perücke auszusuchen. Da ich aufgrund der sehr schlechten Nächte tagsüber immer noch erschöpft bin, traue ich mir nicht zu, die 45 Minuten Autofahrt, die überwiegend über die Autobahn geht, selbst zu fahren. Meine Freundin hat sich bereit erklärt, mich zu fahren. Es fällt mir noch schwer, mir selbst einzugestehen, dass ich mich schnell mit Tätigkeiten des alltäglichen Lebens überfordert fühle, aber ich muss der Realität ins Auge sehen. Bis zuletzt lasse ich es offen, ob ich nicht selbst das Auto steuere, entscheide mich aber letztendlich dagegen. Ansonsten hat sich seitens der Nebenwirkungen nichts Neues ergeben. Ich bin weiterhin erschöpft und auch die Gassirunden fallen mir manchmal schwerer, aber ansonsten ist es in Ordnung.

So fahren meine Freundin und ich in das Perückenstudio und ich suche mir eine wirklich sehr gut passende Perücke aus. Wenn ich sie trage, sieht es im Grunde so aus, als wäre ich gerade vom Frisör bekommen und als hätte ich mir nur einen anderen Schnitt verpassen lassen. Es gibt mir ein sehr gutes Gefühl, diesen Haarersatz für den Fall der Fälle im Rückhalt zu haben. Stimmungsmäßig geht es mir heute wieder viel besser als gestern.

Als sehr hilfreich habe ich zudem empfunden, dass mich meine Freundin begleitet hat, weil sie mir auch eine große Entscheidungshilfe war. Sie hat mich darüber hinaus in den vergangenen Wochen großartig unterstützt. Hat mir immer das Gefühl gegeben, nicht alleine zu sein und dass sie mir hilft, wo sie nur helfen kann. Ich bin ihr sehr dankbar dafür! Hier spüre ich echte Freundschaft, die ich bei vielen meiner „Freunde" vermisse. Wenn Anteilnahme mit den besagten Plattitüden endet („Du musst stark sein!"), dann kann ich ehrlich gesagt auch ganz darauf verzichten.

Ich verstehe, dass Menschen in Anbetracht meiner Krankengeschichte passende Worte fehlen, aber dann ist es fast noch besser zu sagen, dass man nicht mehr weiß, was man dazu sagen soll als Oberflächlichkeiten zu formulieren. Zudem niemand meine Gefühlslage nachempfinden kann, der nicht selbst einmal derartiges erlebt hat.

Seit dem Krankenhausaufenthalt im November 2019 habe ich Kontakt zu einer anderen krebskranken Patientin, die vergleichbar schlechter dran ist als ich. Wir hatten derzeit nur eine Nacht gemeinsam im Zimmer verbracht, uns aber besonders gut verstanden. Auch sie bekommt aktuell eine Chemotherapie und kämpft um ihr Leben. Wir nehmen gegenseitig Anteil am Verlauf des anderen und tun uns meines Erachtens sehr gut.

Donnerstag, 24.12.2020

Elias und ich gehen heute Abend zu meinen Eltern um Heiligabend zu feiern und um dort gemeinsam zu essen. Bereits nach meiner Kopf-OP im Krankenhaus habe ich meinem Vater gegenüber geäußert, dass wir Weihnachten in diesem Jahr – entgegen unserer Gewohnheit – anders organisieren müssen. Normalerweise hätten wir heute bei mir im Haus gemeinsam Raclette gegessen. So haben wir es alle zwei Jahre gehandhabt.

Ich kann mich nicht mehr erinnern, wann wir das letzte Mal Weihnachten bei meinen Eltern eingeladen waren. In diesem Jahr wollte ich mir den Stress nicht antun, Gastgeber zu sein und somit haben sich meine Eltern bereit erklärt, das Fest bei ihnen auszurichten.

Es freut mich heute richtig, dass ich ausnahmsweise mal keinen Druck habe, alles zu einer bestimmten Uhrzeit fertig haben zu müssen.

Der Abend bei meinen Eltern verläuft recht harmonisch. Ich lasse Elias und mich von meinem Vater fotografieren. In diesem Moment überkommt mich wieder der Gedanke, dass ich nicht weiß, ob es mein/unser letztes Weihnachtsfest ist, ob ich im nächsten Jahr zu Weihnachten überhaupt noch lebe?! Meine aufsteigenden Tränen unterdrücke ich, sodass meine plötzliche Stimmungsschwankung niemandem auffällt. Gegen diese Gedanken kann man wohl nichts machen.

Sonntag, 27.12.2020
Die letzten beiden Tage waren unspektakulär. Elias war am ersten und zweiten Weihnachtsfeiertag außer Haus. An einem Tag bei der neuen Familie seines Vaters und am zweiten Feiertag bei der Familie seiner Freundin. Ich freue mich für ihn, dass er sich dort derart herzlich aufgehoben fühlt und ich denke, ihm wird dort auch ein Gefühl von Familie vermittelt, welches er nun hier, seitdem wir alleine wohnen und mein Ex-Partner ausgezogen ist, nicht mehr unbedingt empfindet.

Die Medikamente in meinem Körper scheinen langsam abgebaut zu sein. Ich fühle mich nicht mehr ganz so schnell erschöpft, obwohl der Nachtschlaf weiterhin eine Katastrophe ist.

Morgen fahre ich wieder ins Klinikum und bekomme die nächste Chemotherapie als Infusion. Das Immuntherapeutikum bekomme ich dann erst wieder in der kommenden Woche und wiederum die Chemotherapie. Ich bin schon gespannt, wie ich die Infusion diesmal vertrage. Abwarten und Tee trinken! Ich bleibe optimistisch.

Montag, 28.12.2020
Auf in die zweite Runde! Heute wird es Dir wieder schön ungemütlich gemacht in meinem Körper – pack schon mal Deine Umzugskartons! Hier ist wohlfühlen für Dich nicht mehr angesagt....

Auch die zweite Verabreichung der Chemotherapie verläuft konfliktfrei. Heute bekomme ich nur die 34 ml Chemotherapeutikum und vorab einen Liter NaCl 0,9% mit 12 mg Kortison und einem Mittel gegen Übelkeit infundiert. Wie gehabt, schaue ich mir auf meinem IPad einen Film an und lasse mich gut unterhalten. Das ist eine sehr gute Strategie. Ich versuche die Sitzungen positiv zu konditionieren.

Während der Behandlung und auch im weiteren Verlauf des Tages geht es mir soweit gut. Ich spüre keine direkten Nebenwirkungen, außer, dass die Nacht wieder relativ schlecht ist.

Nach der Behandlung spreche ich noch mit dem Chefarzt über das weitere Vorgehen. Ich berichte ihm davon, dass es mir im Großen und Ganzen in Ordnung geht, dass ich natürlich aber auch mal schlechte Tage habe, an denen mich die Angst überkommt, dass sich der Krebs nach und nach in meinem Körper ausbreitet und dann irgendwann keine Behandlung mehr möglich ist, außer mir den letzten Gang zu erleichtern. Er antwortet mir etwas, was ich natürlich auch weiß – dass niemand vorhersagen kann, wie es nun weitergeht, aber dass das Wichtigste ist, dass wir einen sehr guten und konkreten Plan haben, wie wir aktuell behandeln. Die Medizin entwickle sich immer weiter und es wird weitere Medikamente geben, die auch bei meinem Tumor eingesetzt werden können. Wir haben einen PLAN! Das klingt ja sehr gut! Der Weg ist das Ziel und das ist wohl auch das Einzige, woran ich mich jetzt festhalten kann. Es gibt etwas, womit ich sinnvollerweise behandelt werden kann. Es besteht eine minimale Chance, dass wir den Krebs noch besiegen oder zumindest über einen längeren Zeitraum in Schach halten können. Vielleicht kann man in meiner Situation einfach nicht mehr erwarten. Das ist das Maximale, was geht!

Dienstag, 29.12.2020
Der Tag verlief ohne Probleme, ich konnte alle Dinge erledigen, die ich mir vorgenommen hatte. Heute Morgen eine normale Gassirunde mit meiner Freundin und den Hunden, danach Großeinkauf für Silvester und die kommenden Tage mit Elias, dann eine kurze Mittagspause, Gassirunde Nummer 2 und dann noch Tanken und Elias zu seiner Freundin gefahren. Nun ist der Tag um und ich bin sehr zufrieden, weil es mir gut genug ging, alles zu machen.
Nächste Woche bekomme ich wieder beide Mittel verabreicht. Mal schauen, wie es sich dann entwickelt.

Donnerstag, 31.12.2020
Den heutigen Silvesterabend verbringe ich mit Elias, seiner Freundin und meinen Eltern, die ich nun zum Racletteessen eingeladen habe. Wie bereits geschrieben, hätten wir normalerweise am 24.12. gemeinsam bei uns Raclette gegessen, aber das hatte ich ja dann frühzeitig abgesagt, weil ich nicht wusste, wie es mir geht und ob ich alles organisieren kann. Nun holen wir es nach und haben ein paar nette

gemeinsame Stunden. Ich freue mich, dass sich Elias entschieden hat, den heutigen Abend Zuhause zu verleben. Wer weiß, wie häufig das noch vorkommen wird.....

Der Abend verläuft relativ unspektakulär, aber ich bin froh, nicht alleine zu sein....

Endlich kann ich dieses furchtbare Jahr 2020 hinter mir lassen.....

Samstag, 02.01.2021

Soll das LEBEN sein? Ich fühle mich fast den ganzen Tag sehr müde und schaffe meinen Haushalt in den letzten Tagen gerade noch so mit Mühe und Not. An den letzten beiden Tagen musste ich mich, nachdem ich morgens mit den Hunden gegangen war, gefrühstückt hatte und geduscht, schon wieder für eine Stunde hinlegen und habe geschlafen. Ich empfinde alles als Kraftanstrengung. Außer der Erschöpfung habe ich jedoch weiterhin keine nennenswerten Nebenwirkungen durch die Therapie. Auch die Haare fallen noch nicht aus. Das ist natürlich sehr schön für mich!

Dennoch bin ich heute wieder nachdenklich und frage mich, wie man sich mit so wenig Lebensqualität zufriedengeben kann. Die Tage sind sehr eintönig, zumal auch durch das Coronavirus, welches das gesellschaftliche Leben völlig zum Erliegen gebracht hat, keine Abwechslung mehr möglich ist. Treffen sind verboten und für mich zu gefährlich, die Geschäfte (außer Lebensmittelgeschäfte/Drogerien) und Restaurants sowie Bars sind geschlossen.

Der Gedanke, dass ich keine großen Pläne machen kann, macht mich traurig. Alles wird vom Krebs entschieden. Breitet er sich weiter aus, wird mein Leben zur Einbahnstraße und es ist nur noch die Frage, wie lang diese ist. Lässt er sich zumindest für eine Zeit zurückdrängen, besteht noch die Chance, noch einmal etwas wie LEBEN zu spüren. Aktuell ist es jedoch so, dass selbst, wenn ich Möglichkeiten der Freizeitgestaltung hätte, ich diese nicht nutzen würde, weil ich immer das Gefühl habe, zu erschöpft zu sein. Die Wochenplanung dreht sich rund um den Termin der Chemotherapie, da ich z.B. vorher für die Woche einkaufen gehe, Wäsche wasche etc. Alles, damit ich im Anschluss keine großen Verpflichtungen habe und ich mich ausruhen kann, wenn ich die Ruhe benötige. Darüber hinaus ist bei jeder Behandlung unsicher, wie die Nebenwirkungen ausfallen. Insofern bleibt dies immer abzuwarten.

Leider habe ich seit Wochen zunehmende Schmerzen im rechten Vorfuß, die mir Sorgen machen. Der Onkologe vermutet hier keinen Zusammenhang zum Krebs und geht nicht auf meine Bitte ein, den Fuß zu röntgen. Inzwischen beeinträchtigt es mich so, dass ich auch die Gassirunde nur mit Schmerzen laufen kann. Nicht nur, dass ich mich körperlich sowieso erschöpft fühle und es mich tendenziell anstrengt, die 45-50 Minuten mit den Hunden zu laufen, nun muss ich auch noch Schmerzen aushalten. Das geht für mich gar nicht! Seit gestern nehme ich nun versuchsweise 600mg Ibuprofen pro Tag, in der Hoffnung, dass es sich bessert. Noch bleibt dies abzuwarten. Meine Belastungsgrenze scheint überschritten zu sein! Ich will das so nicht mehr!

Dienstag, 05.01.2021
Seitens der Verträglichkeit der Chemo hat sich in den letzten Tagen nichts geändert. Ich kann weiterhin nicht schlafen, bin tagsüber dementsprechend müde. Darüber hinaus ist alles wie gehabt. Auch die Haare fallen mir erfreulicherweise weiterhin nicht aus.

Mittwoch, 31.08.2022
Es ist sehr viel Zeit vergangen, seitdem ich das letzte Mal das Bedürfnis hatte, etwas mitzuteilen.

Die Monate flossen so dahin – immer mal wieder eine Routineuntersuchung (Knochenszintigramm, Ultraschall der Brustwände, Ganzkörper CT), die jedoch alle keine Auffälligkeiten zeigten. Es fühlt sich so großartig an, wenn man mit dem Wissen, dass nach der Untersuchung wieder alles anders sein könnte in eine Untersuchung geht und dann die Entwarnung kommt. Es wurden keine Metastasen gefunden- das Leben geht weiter. Die Sonne scheint gefühlt heller, der Himmel ist gefühlt blauer, das Atmen fällt leichter. Es ist ein unvergleichliches Gefühl.

Es ging mir im Großen und Ganzen weiterhin relativ o.k. Zwischenzeitlich hatte ich mit einem sehr hartnäckigen Infekt zu kämpfen, fast durchgehend mit Erschöpfung, weiterhin mit Schlaflosigkeit und mit extremer Verstopfung. Trotz aller Beschwerden habe ich es geschafft, meinen Alltag weiterzuführen und relativ regelmäßig gymnastische Übungen gemacht.

Nach dem letzten Ganzkörper CT spreche ich mit dem Radiologen und erzähle ihm, dass ich seit Wochen Schmerzen beim Sitzen im Steißbeinbereich habe. Er betrachtet diesen Bereich im CT genauer und schlägt vor, noch ein MRT vom Becken anzuschließen, um genauer sehen zu können, was am Steißbein los ist. Eindeutig seien die vorliegenden Bilder nicht.

Das MRT vom Becken wird nur wenige Tage danach durchgeführt. Die Besprechung der Bilder fällt für mich sehr schockierend aus. Es gibt eine kleine neue Metastase im unteren Bereich des Rückenmarks - vermutlich an den dort liegenden Hirnhäuten – die für meine Beschwerden verantwortlich sein könnte.

Ich will das nicht hören! Möchte nicht wieder in ein Leben zurück, in dem es nur um die Bekämpfung dieses Mistviehs geht!

Der Radiologe möchte nun noch ein aktuelles MRT vom Kopf und von der gesamten Wirbelsäule anfertigen lassen, mit der Fragestellung, ob es weitere Metastasen gibt. Sollte es so sein, würde ich eine neue Chemotherapie benötigen, wenn es nur die eine Metastasen ist, würde diese bestrahlt.
Aus den Gesprächen der Chemotherapie vor zwei Jahren weiß ich, dass die Chemotherapeutika im Bereich des Gehirns aufgrund der Blut-Hirn-Schranke nicht zuverlässig wirken.
Was für eine furchtbare Vorstellung, dass ich mir eine Chemo mit allen Nebenwirkungen antun müsste, in dem Wissen, dass sie noch nicht einmal richtig wirksam ist. Ich könnte schreien, habe das Bedürfnis, etwas kaputt zu schlagen (das hatte ich so noch nie).
Doch jetzt heißt es erst einmal wieder hoffen und bangen, bis die anderen MRTs gelaufen sind.

Erfreulicherweise bekomme ich sehr zeitnah Termine mitgeteilt. Schon in wenigen Tagen habe ich Gewissheit.

Der Tag der Wahrheit kommt und ich sitze nach der Untersuchung wieder beim Radiologen. Er eröffnet mir, selbst sichtlich erleichtert, dass sie KEINE weiteren Metastasen gefunden haben.
Jackpot!!! Es ist schon besonders, worüber man sich in einer solchen Situation freuen kann – nur eine Metastase, die bestrahlt werden kann – dich machen wir fertig! Du wirst weggebombt!

Zusätzlich zur Bestrahlung soll die Immuntherapie nun abgesetzt werden und ich werde ein anderes neu entwickeltes

Medikament in Tablettenform bekommen, das für meine Art von Krebs ausgelegt ist. Es heißt Olaparib® und ist ein sogenannter Parp- Inhibitor. Als Nebenwirkungen werden hier Übelkeit, Erbrechen, Durchfälle, Erschöpfung, Müdigkeit u.a. angegeben. Mich interessiert in erster Linie, ob es bei dem Mittel auch zu Haarausfall kommen kann, denn dieses Leid möchte ich nicht schon wieder erleben müssen. Von Haarausfall habe ich in der Liste nichts gefunden.

Als wäre dies nicht schon alles genug, habe ich in letzter Zeit bemerkt, dass mir das Wasserlassen erschwert ist. Mein erster Gedanke war, dass dieses Problem mit der starken Verstopfung zusammenhängen könnte. Irgendwann kam ich aber auf die Idee, mir die Situation meiner Geschlechtsorgane mit einem Spiegel anzugucken und was ich da sah, ließ erneut eine Welt in mir zusammenbrechen. Irgendetwas ragte in die Vagina – dieses „irgendetwas" drückte offensichtlich die Harnröhre zusammen. So ein großer Mist!

Ich machte einen Notfalltermin beim Gynäkologen in wenigen Tagen. Der Arzt untersuchte mich und bestätigte meine Diagnose. Meine Gebärmutter und ein Stück der hinteren Scheidenwand war, vermutlich durch die lang anhaltende Verstopfung, in die Scheide vorgefallen. Man könne nun in einer Operation das ganze wieder „aufhängen" oder aber die Gebärmutter entfernen. Er würde diese Variante empfehlen. Eine Operation würde er jedoch erst machen wollen, wenn die Tumorbehandlung abgeschlossen sei – also die Bestrahlung und die Umstellung auf das andere Medikament. Ich fasse es nicht – das kann noch zwei bis drei Monate dauern. Das halte ich nicht durch.
Ich frage nach einem Pessar (eine Silikonschale), mit der ein derartiger Vorfall übergangsweise therapiert werden kann. Ich hatte mich natürlich vorab belesen.

159

Er hielte nicht sehr viel davon, aber man könne es versuchen. Gesagt, getan – das Pessar wurde in die Vagina eingelegt und damit die vorgefallenen Organe wieder etwas nach oben geschoben. Es fühlte sich zunächst erst einmal ganz o.k. an. Das Wasserlassen klappt weiterhin nicht richtig und die Stuhlentleerung ist ebenfalls nicht normal.

Ich will das alles nicht mehr ertragen müssen!

Montag 05.09.2022
Die Problematik mit dem Wasserlassen setzt sich fort. Inzwischen fühlte ich mich zweimal genötigt, mir selbst einen Einmalkatheter zu setzen, weil ich die Blase nicht mehr entleeren konnte. Nun kommt mir meine Ausbildung als Krankenschwester richtig zugute. Hilfe zur Selbsthilfe.

Da ich die Situation psychisch aber längerfristig nicht ertragen kann, habe ich meinem Onkologen eine E-Mail geschrieben und telefonisch versucht, ihn davon zu überzeugen, dass das Vorziehen der OP für mich eine große Entlastung bedeuten würde. Er steht erfreulicherweise hinter mir und hat mit dem Gynäkologen gesprochen, sodass ich mich heute zur Vorbesprechung der OP in der gynäkologische Ambulanz vorstellen darf.
Das Gespräch verläuft routiniert – die OP wird auf den 14.09. terminiert. Nun muss ich also nur noch 9 Tage so durchhalten. Ich bin sehr erleichtert, diesen vor mir liegenden Berg zeitnah angehen zu können.

Mittwoch, 14.09.2022
Um 6.30 Uhr muss ich mich im Klinikum in der Aufnahme einfinden.
Erstmalig fährt mich mein Sohn morgens mit seinem Auto dorthin. Schon daran kann man erkennen, wie viel Zeit

vergangen ist seit 2008, als ich meinem vierjährigen Sohn gestehen musste, dass ich sehr krank geworden bin. Es ist eine große Hilfe, dass er jetzt schon derart selbstständig ist, auch mal etwas für sich/uns einkaufen kann etc.

Die OP selbst beunruhigt mich nicht sehr. In Anbetracht der Kopf-OP von vor zwei Jahren, empfinde ich diese OP als „Kleinigkeit". Ich freue ich einfach nur auf den Moment nach der OP, wenn ich meine Beschwerden hoffentlich im Krankenhaus zurücklassen kann.

Die OP verläuft vordergründig ohne große Komplikationen. Erstmalig nach einer Narkose ist mir zwar am Tag nach der OP noch übel, sodass ich noch nicht einmal Tee bei mir behalte, aber all das ertrage ich recht gut und schon am kommenden Tag ist diese Phase vorbei.
Am OP-Abend bemerken die Krankenschwestern, dass ich zu viel nachgeblutet habe und lassen meinen Zustand durch eine Ärztin überprüfen. Auch die Ärztin ist skeptisch – es wird ein Blutbild kontrolliert, um zu sehen, ob ich in den Bauchraum blute. Sollte dies so sein, müsste ich wieder in den OP geschoben werden.
Erfreulicherweise kommt zeitnah die Entwarnung – keine Blutung im Bauchraum – es wird abgewartet.

Freitag, 16.09.2022
Probleme habe ich noch ein paar Tage mit dem Gas, welches bei einer Endoskopischen OP in den Bauchraum geblasen wird und später nur sehr schwer wieder entweicht. Dieses führt immer wieder zu Übelkeit, Schmerzen und einem hohen Druckgefühl. Ich versuche dem Problem mit Medikamenten, Bewegung, Anis-Kümmel-Tee zu Leibe zu rücken. Es hält sich hartnäckig für fast eine Woche nach der OP.

Montag, 19.09.2022

Mich hält im Krankenhaus nichts mehr. Ich will einfach nur noch nach Hause, zu meinem Sohn und zu meinen beiden Fellnasen.

Da mein Wasserlassen weiterhin Probleme bereitet, wollen mich die Ärzte im Krankenhaus eigentlich noch weiter beobachten. Ich dränge jedoch darauf, entlassen zu werden. Beobachten kann ich mich auch alleine Zuhause :-) Die Ärzte gehen davon aus, dass die Blase die Entleerung durch die neue Aufhängung innerhalb der OP mit Blasentraining neu lernen muss. Ich soll alle zwei Stunden zur Toilette gehen und es in Ruhe versuchen. Etwas frustriert bin ich schon, weiterhin derartige Probleme zu haben, da ich sehr gehofft hatte, dass nach der OP alles physiologisch verläuft. Nun habe ich im Grunde eine „Überlaufblase" - das heißt, die Blase ist immer voll und es kommt nur tröpfchenweise das bei der Entleerung raus, was gar nicht mehr zu halten ist. Erschwerend könnte bei mir noch hinzukommen, dass die Metastase im Rückenmark möglicherweise auf Nerven drückt, die für die Blasenentleerung zuständig sind. Das hatte der Radiologe beiläufig erwähnt, als er sich die Bilder des MRT derzeit angesehen hat.
Ich fürchte, ich muss weiterhin Geduld mit meinem Körper haben und das fällt mir gerade schwer. Ich möchte einfach nur ein normales Leben!!!

Donnerstag, 22.09.2022

Ich habe einen Termin zur Vorbesprechung meiner Bestrahlungen. Die Ärztin ist nicht begeistert, dass ich gerade noch operiert worden bin und terminiert somit die erste Bestrahlung auf den 10.10.2022. Erfreulich für mich ist, dass ich nur 10 Bestrahlungen bekommen soll. Das erscheint mir ein Umfang, der zu schaffen ist. Nach ca. 3 Wochen müsste ich die

Bestrahlungen alle bekommen haben. Dann heißt es - nach
vorne gucken!

Die Ärztin klärt mich darüber auf, dass ich durch die
Bestrahlung aufgrund der Lage der Metastase neurologische
Probleme, Lähmungserscheinungen, Inkontinenz und Probleme
mit dem Darm bekommen könnte. Sollte der Bereich im
Rückenmark durch die Bestrahlung zu stark anschwellen,
müsste ich erneut Kortison einnehmen. Das klingt alles nicht
vielversprechend und ich möchte es mir im Detail nicht
ausmalen. Versuche mich selbst zu beruhigen und alles erst
einmal abzuwarten – es muss ja nicht zu diesen
Nebenwirkungen kommen!

Montag, 26.09.2022
Die Blasenentleerung scheint sich langsam zu normalisieren,
aber ich habe anhaltend das Gefühl, dass ich noch zu stark
nachblute. Da ich es selbst nicht genau einzuschätzen vermag,
wie viel Blut nach einer derartigen OP im Bereich des
tolerierbaren liegt, nehme ich telefonisch wieder Kontakt zu
der ambulanten gynäkologischen Praxis im Klinikum auf. Ich
soll mich noch heute vorstellen.

Der Arzt schaut sich die aktuelle OP-Wunde an und kommt zu
dem Ergebnis, dass ich tatsächlich noch zu stark nachblute.
Eine Naht in der Vagina ist auf ca. 2 cm geöffnet und er rät,
diese im Rahmen einer erneuten OP in Kurznarkose am
nächsten Tag zu schließen. Ich könnte schreien - will nicht
wieder ins Krankenhaus – will aber diesen Zustand auch nicht
längerfristig aushalten müssen.

Es bleibt mir nicht anderes übrig, als der erneuten OP
zuzustimmen, in der Hoffnung, dass danach alles besser wird.

Dienstag, 27.09.2022
Wieder fährt mich mein Sohn morgens in ins Klinikum.

Die zweite Operation zum Verschließen der offenen Naht aus der ersten OP verläuft ohne besondere Vorkommnisse. Ich verspüre keine Übelkeit nach der Narkose und stehe recht schnell wieder auf. Mich hält nichts im Krankenhaus. Ich will unbedingt wieder nach Hause und kann mich gegen 14:00 Uhr wieder von meinem Vater abholen lassen.

Donnerstag, 29.09.2022
Ich nehme mich mit Gassirunden und großen Aktivitäten noch zurück, um den OP-Erfolg der zweiten OP nicht zu riskieren. Tag für Tag wird es langsam wieder besser. Das Bluten ist weniger geworden und nun meines Erachtens im Bereich des normalen.

Samstag, 01.10.2022
Ab heute soll ich mit der Einnahme des neuen Medikamentes beginnen. Es heißt Lynparza®, mit dem Wirkstoff Olaparib. Insgesamt 2x2 Tabletten mit je 150 mg soll ich am Tag einnehmen. Die Liste der Nebenwirkungen ist leider sehr lang – auch der Chefarzt der Onkologie hat erwähnt, dass das Medikament leider viele Nebenwirkungen hat. Eine Bekannte von mir, die es einnehmen musste, hat nur noch erbrochen und es überhaupt nicht vertragen.
Ich bin negativ vorgespannt. Die Tabletten sind giftgrün. Passt ja irgendwie – Krebsgift!

Die Einnahme verläuft problemlos und ich kann zumindest heute keine Nebenwirkungen ausmachen. Sehr super! Das macht Mut! Alles andere wäre für mich sehr schlecht gewesen, weil es quasi unsere letzte sinnvolle Möglichkeit ist, gegen den Krebs systemisch vorzugehen. Ein Alternativpräparat gibt es nicht. Da ich die Tabletten als Langzeittherapie einnehmen muss, wäre es wirklich furchtbar gewesen, wenn ich sie schon so früh nicht vertragen hätte. Dann wäre meine ganze Lebensqualität verloren gegangen.

Montag, 03.10.2022
Ich habe meine Einstellung zu den Tabletten geändert - sehe sie nun als kleine Helfer an und gebe ihnen immer bei der Einnahme mit auf den Weg, dass sie einen guten Job machen sollen. Tot dem Krebs!

Freitag, 07.10.2022
Elias möchte von heute auf morgen in seinen 19. Geburtstag feiern. Die Party findet in unserem Partykeller statt und es sind 15 Personen eingeladen.
Um viele Dinge der Vorbereitung hat er sich ganz prima selbst gekümmert - er ist in mancherlei Hinsicht prima selbständig. Ich unterstütze mit dem Kochen eines großen Topfes Chili con carne und backe ein Blech Apfelkuchen.
Um die Party ungestört stattfinden lassen zu können, schlafe ich mit den Hunden auswärts – alles in der Hoffnung, dass das Haus noch steht, wenn ich morgen zurückkomme ;-)

Samstag, 08.10.2022
Die Party war wohl ein voller Erfolg.
Zu meiner absoluten Überraschung, haben Elias und seine Freundin noch in der Nacht alles aufgeräumt und geputzt. WOW! Ich bin schwer beeindruckt!
Heute Nachmittag hat Elias ein Handballspiel und abends gehen wir gemeinsam Essen, um seinen Geburtstag zu feiern.

Sonntag, 09.10.2022
Nun nehme ich die neuen Tabletten schon fast seit einer Woche ein. An ein paar Nachmittagen hatte ich das Gefühl, dass sie

mir doch etwas auf den Magen schlagen und es mir schwerfällt, etwas zu essen. Oft hatte ich nach wenigen Gabeln das Gefühl, dass ich nicht weiter essen kann. Seit zwei Tagen hat es ich gebessert und ich fühle ich wieder wohler. Ich habe Hoffnung, dass ich sie nun doch längerfristig ohne große Beschwerden einnehmen kann. Das ist eine gute Perspektive!

Auch meine Kondition und Belastbarkeit verbessert sich langsam wieder. Die große OP ist nun fast vier Wochen her und es geht Stück für Stück bergauf. Meine vorherige Kondition habe ich zwar noch lange nicht erreicht, aber es wird immer besser.

Morgen gehen nun die Bestrahlungen los. Mal schauen, was mich da erwartet....

Montag, 10.10.2022
Gleich bekommst du eine richtige Abreibung – dann hast du nichts mehr zu lachen. Genau das denke ich, als ich korrekt positioniert auf dem Bestrahlungstisch liege.
Ich stelle mir vor, der Krebs steht in einer Boxarena und bekommt richtig die Hucke voll. Links, rechts, links rechts – der Kopf schlägt hin und her, er taumelt....kann sich kaum noch auf den Beinen halten. Das hast du jetzt davon, du Mistvieh! Und das ist nur der Anfang - zieh dich warm an oder besser noch ....gib gleich auf! Du kannst den Kampf nicht gewinnen!

Kurz nach der ersten Bestrahlung habe ich in dem bestrahlten Bereich wieder mäßige Schmerzen. Ich nehme ein Schmerzmittel und möchte schauen, wie es sich damit entwickelt. Auf keinen Fall möchte ich wieder gezwungen sein, Kortison einzunehmen, wie nach der Kopfbestrahlung vor zwei Jahren. Dann würden sich meine Schlafstörungen noch verstärken und ich nehme wieder an Körpergewicht zu. Das will ich vermeiden!

Dienstag, 18.10.2022
Ich habe Bergfest! Fünf von insgesamt 10 Bestrahlungen sind geschafft. Bisher vertrage ich die Bestrahlungen recht gut, habe kaum Nebenwirkungen zu verzeichnen.
In Verbindung mit der Tatsache, dass ich auch das neue Medikament (Lynparza), welches bekannterweise sehr viele Nebenwirkungen hat, recht gut vertrage, ein großes Geschenk.

Einige meiner körperlichen Prozesse scheinen sich zu normalisieren. Meine extreme Verstopfung habe ich nun im Griff, das Wasserlassen ist in Ordnung, es scheint so, als würde sich auch der Stoffwechsel langsam normalisieren, denn ich nehme nicht mehr ständig an Körpergewicht zu. Habe sogar ein wenig abgenommen. Mehr muss es jetzt aber auch nicht mehr sein.

Insgesamt läuft es daher sehr zufriedenstellend für mich. Endlich mal etwas Positives!

Mittwoch, 09.11.2022
Die letzte Bestrahlung liegt nun bereits über zwei Wochen zurück. Ich habe die 10 Bestrahlungen gut verkraftet und hatte keine schwerwiegenden Nebenwirkungen. Meine Schmerzen beim Sitzen im Steißbeinbereich gehören der Vergangenheit an. Insgesamt fühle ich mich zwar weiterhin erschöpft, habe aber das Gefühl, dass es langsam bergauf geht und dass sich meine Kondition auch wieder steigert. Ich bin diesbezüglich zufrieden. Auch das Medikament vertrage ich weiterhin recht gut. Es läuft!

Am 02.01.23 wird es noch einmal richtig spannend. Da wird eine Kontrolluntersuchung in Form eines MRT des Beckens stattfinden und erst dann wird sicher sein, ob die Metastase im Rückenmark komplett durch die Bestrahlung abgetötet worden ist. Diese Kontrolluntersuchung kann frühestens 6-8 Wochen nach der letzten Bestrahlung stattfinden, weil die Bestrahlung noch nachwirkt. Somit muss ich mich noch etwas gedulden.

Die postoperative Kontrolluntersuchung bei meinem Gynäkologen ist ebenfalls gut aufgefallen. Es ist nun alles gut verheilt und ich darf auch hier wieder langsam anfangen, mich etwas mehr zu belasten. Die Operation hat meinen Zustand merklich verbessert.

Montag, 02.01.2023
Liebe Leserinnen und Leser, den heutigen Tag habe ich zum letzten Tag meiner Krebserkrankung ernannt.

Heute hatte ich erneut einen MRT- Termin der Lendenwirbelsäule, mit der Fragestellung, ob die Metastase durch die Bestrahlungen komplett im Rückenmark vernichtet werden konnte.
Die Untersuchung in der lauten Röhre kam mir wieder recht lang vor. Als mich die Medizinische Fachangestellte aus dem Gerät befreite sagte sie: „Alles Gute für Sie!" - habe ich da nicht einen betroffenen Unterton gehört? Hat man doch wieder etwas gefunden?
Ich mache mich auf den Weg zum Chefarzt der Radiologie und frage die Sekretärin, ob ich eine Chance habe, die Bilder mit dem Arzt zu besprechen. Er ist passenderweise erkrankt – ich bitte dringend um eine Vertretung. Mit diesem Gefühl möchte ich das Krankenhaus nicht verlassen müssen.
Ein anderer Arzt bittet mich in sein Büro. Er zeigt mir die Bilder und erklärt, dass sie nichts Auffälliges mehr gefunden

haben. Ich frage zur Sicherheit, ob eine Nachbestrahlung nötig sei und er verneint diese Frage. Direkt läuft mir ein Gänseschauer über den Körper. Das ist die beste Nachricht des Jahres!

Ich habe es geschafft, auch diesen Ableger des Krebses haben wir eliminiert.

Um ein sichtbares Zeichen zu setzen, werde ich nun das Kapitel Krebs und dieses Buch schließen. Das Kapitel ist zu! Es wird keine Fortsetzung geben!!! Der Parasit ist ausgezogen!!!

Nachwort

Mein lieber Schatz,

seit nunmehr 14 Jahren kämpfen wir gemeinsam gegen das
Mistvieh Krebs an.
Du bist inzwischen zu einem stattlichen und gutaussehenden
jungen Mann herangewachsen und gehst mehr und mehr deine
eigenen Wege.

Oft kannst du nicht ermessen, wie anstrengend dieser Kampf
tatsächlich für mich ist, aber das ist sicher auch gut so.

Ich bin überglücklich darüber, dass ich deine positive
Entwicklung noch miterleben konnte. Dass ich dir zur Seite
stehen konnte, in guten und in schlechten Zeiten. Trotz meiner
eigenen Belastung habe ich versucht, dein Fels in der Brandung
zu sein.

Du hast dich gut entwickelt, bist zu einem lieben und
hilfsbereiten Menschen herausgewachsen.
Aktuell stehst du deine Abiturprüfungen durch und bist extrem
gut vorzensiert.
Es ist großartig! Das hilft auch mir sehr. Ich bin sehr stolz auf
dich und bin sehr glücklich, dies erleben zu können.
Nach deinem Abitur möchtest du ein Jahr nach Australien
gehen und dort „Work and Travel" machen, danach studieren.
Ich werde dich nicht stoppen, dich nicht dieser Erfahrung
berauben. Du sollst dein Leben leben können wie jedes andere
Kind, ohne diesen Klotz am Bein (Mutter mit Krebs).

Meine Psychiaterin hat mich darauf aufmerksam gemacht, dass
es großartig ist, wie du dich entwickelt hast – dass du keine
Angst davor hast, mich trotz meiner Krankheit alleine zu

lassen, sondern deinen Weg gehst und dich von mir loslöst, wie es Kinder gesunder Eltern machen würden. Das sei mein Verdienst. Ich selbst habe das noch nie so gesehen, kann ihre Äußerung aber nachvollziehen. Sie sagte, sie hätte eine andere Patientin mit einer Krebserkrankung, deren Sohn quasi bewegungslos und depressiv geworden sei an der Seite seiner Mutter – er wäre nicht mehr in der Lage, ein normales Leben zu führen.

Somit bin ich doppelt stolz – auf dich und auf mich :-)

Wenn alles gut läuft, werde ich nun vielleicht sogar noch irgendwann ein Enkelkind von dir bekommen. 2008 hätte ich dies nicht für möglich gehalten. Wie schön, dass mir noch so viele Jahre geschenkt worden sind - auch, wenn diese oft nicht einfach waren.

Mir bleibt wohl nichts anderes übrig als weiterhin dem Krebs die Stirn zu zeigen und ihn endgültig fühlen zu lassen, dass er bei mir nichts zu suchen hat!

Wie hat es sich für Elias angefühlt, mit einer krebskranken Mutter leben zu müssen?
Ein abschließender Beitrag von Elias...

Wo soll ich anfangen? Das alles verfolgt mich bis in meine früheste Kindheit. Ich habe immer noch den Moment vor meinen Augen, als Papa Mama 2008 im Krankenhaus abgesetzt hat und Mama mir einen Plüschhasen in den Arm gedrückt hat. Ich habe geweint. Tränen flossen über meine Wangen und sie sollten nie mehr aufhören. Es war, wie als würde ich nicht mehr glücklich werden können. Obwohl ich noch so klein war, hatte ich verstanden, dass dies ein außergewöhnlicher Moment ist. Ein großer Teil aus meinem Leben fehlte. Aber es geht nicht nur um diesen einen Moment. Es verfolgt uns. Wir haben so gehofft. 9,5 Jahre nichts. Für mich, war diese Krankheit Geschichte. Wir konnten ein normales Leben mit Höhen, Tiefen, Freude und Leid führen. Und dann kam sie aus dem nichts zurück. Es verfolgt einen. Mama kämpft und kämpft und kämpft und mittlerweile hatte ich die Auswirkungen dieser Krankheit verstanden. Es ging nicht mehr aus meinem Kopf. Dieses Gefühl kommt immer wieder. Dieses Gefühl von Hilflosigkeit und Hoffnungslosigkeit. Man kämpft und es kommt immer wieder der gleiche Gegner.

Stellen Sie sich vor, dass Ihre Mutter Ihnen sagt: „Ich kämpfe für dich". Das vergisst man nie wieder. Man versucht alles, um ihr das Kämpfen so einfach wie möglich zu machen. Es prägt einen. Ich musste mir durch die immer wiederkehrende Krankheit in verschiedensten Situation klarmachen, wie es wäre ohne sie. Natürlich gibt es dunkle Phasen, aber ich habe nie die Hoffnung verloren und immer weiter gekämpft. Ich wollte immer selbstständiger werden, um ihr zu zeigen, was sie aus mir gemacht hat. Sie hat mich trotz ihrer Krankheit durch die schlimmsten Phasen des Lebens geführt und war immer da. Für diesen Kämpferinstinkt bin ich so froh. Man darf die Hoffnung nie aufgeben. Es geht ums Kämpfen. Kämpfen gegen die schlimmen Phasen im Leben. Kämpfen gegen die schlimmen Gedanken. Selbst in der dunkelsten Stunde scheint irgendwo ein Licht an Himmel und führt einen.

Ich habe vertraut. Vertraut auf Mama. Diese Krankheit hat uns zu einem perfekten Team zusammengeschweißt. Zwar gibt es auch hier Höhen und Tiefen, aber wir wissen, dass wir zusammen alles schaffen können.

Natürlich verfolgt einen die Angst, aber Mama weiß, dass sie nie alleine sein wird und ich weiß, dass sie immer kämpfen wird.

Hat mir das Buch, das Mama geschrieben hat, geholfen? Ich konnte alles verstehen. Ich konnte alles reflektieren. Ich wurde in die Zeit zurückversetzt. Es war wie eine Zeitreise. Es war schön. Natürlich habe ich geweint. Sie hat es mir zum 18 Geburtstag geschenkt. Ich bin in Tränen ausgebrochen. Aber ich bin so dankbar, dass dieses Buch existiert und wir die nächsten und hoffentlich letzten Kapitel zusammen schreiben.

Wir schreiben unsere Geschichte zusammen.

Ich liebe dich Mama

Und ich liebe Dich, Elias - mehr als mein Leben!

Literatur- und Medienempfehlungen sowie wichtige Kontaktadressen

Literatur

Prof. Dr. med. Béliveau, R., Dr. med. Gingras D.: Krebszellen mögen keine Himbeeren, Nahrungsmittel gegen Krebs, 8. Auflage, München 2008.

Berg, L.: Brustkrebs. Wissen gegen Angst, Das Handbuch; München 2007.

Prof. Dr. med. Beuth, J.: Gesund bleiben nach Krebs, Stuttgart 2006.

Hennuy M., Buyse S., Renardy L.: Wann kommst du wieder, Mama? Ein Bilderbuch über Krebs, Düsseldorf 2007.

Rexrodt von Fircks, A.: … und flüstere mir vom Leben, Wie ich den Krebs überwand, 6. Auflage, Berlin 2007.

Simonton O.C., Simonton S.M., J. Creighton J.: Wieder gesund werden, Anleitung zur Aktivierung der Selbstheilungskräfte für Krebspatienten und ihre Angehörigen, 7. Auflage, Reinbeck bei Hamburg 2008.

CD

Gibson´s D.: Grand Canyon, a natural wonder, Solitudes exploring nature with music, 1998

Wichtige Kontaktadressen

Flüsterpost e.V. -Unterstützung für Kinder krebskranker Eltern: Kaiserstraße 56, 55116 Mainz; Telefon: Tel: 06131 / 55 48-798, Fax: 06131 / 55 48-608

Internet: http://www.kinder-krebskranker-eltern.de/
E- Mail: fluesterpost-mainz@freenet.de

Hilfe für Kinder krebskranker Eltern e.V.: Güntherstraße 4a, 60528 Frankfurt am Main
Telefon: 069 677 24 504, Fax: 069 677 24 504

Internet: http:// www.hilfe-fuer-kinder-krebskranker.de
E-Mail: hkke(at)hilfe-fuer-kinder-krebskranker.de

Krebsinformationsdienst KID: Deutsches Krebsforschungszentrum, Im Neuenheimer Feld 280, 69210 Heidelberg
Telefon: 0800 - 420 30 40, täglich von 8.00 bis 20.00 Uhr, innerhalb Deutschlands sind Anrufe gebührenfrei.

Internet: http://www.krebsinformationsdienst.de/
E-Mail: krebsinformationsdienst@dkfz.de

Kontaktaufnahme

Sollten Sie das Bedürfnis haben, mit mir Kontakt aufzunehmen, weil Sie z.B. eine Frage haben oder mir mitteilen möchten, wie Ihnen mein Buch gefallen hat, freue ich mich über eine E-Mail an:

tagebuch-brustkrebs@t-online.de